信息管理的理论与实践应用研究

付 军 著

吉林科学技术出版社

图书在版编目（CIP）数据

信息管理的理论与实践应用研究 / 付军著. -- 长春：
吉林科学技术出版社，2021.10（2023.4重印）
ISBN 978-7-5578-8907-4

Ⅰ.①信… Ⅱ.①付… Ⅲ.①信息管理-研究 Ⅳ.
①G203

中国版本图书馆 CIP 数据核字（2021）第 215781 号

信息管理的理论与实践应用研究

XINXI GUANLI DE LILUN YU SHIJIAN YINGYONG YANJIU

著	付 军
出 版 人	宛 霞
责任编辑	赵维春
助理编辑	赵 沫
封面设计	李 宝
制 版	宝莲洪图
幅面尺寸	185mm×260mm 1/16
字 数	230 千字
印 张	10.5
版 次	2021 年 10 月第 1 版
印 次	2023 年 4 月第 2 次印刷
出 版	吉林科学技术出版社
地 址	长春市净月区福祉大路 5788 号
邮 编	130118
编辑部电话	0431—81629507
印 刷	北京宝莲鸿图科技有限公司
书 号	ISBN 978-7-5578-8907-4
定 价	50.00 元

前　言

　　信息技术以其独有的优势逐渐得到社会各行业工作以及日常生活的应用及认可。本节主要对信息管理与信息系统创新建设的目标进行分析，有针对性地寻求提升信息管理效果与加强信息系统创建的有效措施。致力于通过信息系统的完善为信息传播与整合提供技术支撑，满足新时期社会对信息技术的需求。

　　信息管理技术水平的提高直接影响着信息传输与处理的合理性，而生产行业的发展使得各个行业对于信息技术的要求越来越高，停滞不前的信息管理及系统适应性不足。对此，不断提升信息管理效果，强化信息系统构建呈现出必要性，对于迎合时代发展，维护信息资源高效整合、促进资源共享具有深远意义。

　　信息管理对于行业数据信息的传播与查看有重要作用，同时也是企业运营的信息整合传输保障。通过对计算机硬件、软件及其他办公设备的合理应用，实现对信息的收集、传递，以企业战略竞优、提高收益和效率为主要目标，为企业各项工作的开展提供便捷的信息服务。例如，企业的统一规划管理离不开各个部门的协调配合，而协调过程需要有高质量的信息传递，还需要保证各类信息资源传播的效率，以此维护企业运营效益，降低信息处理成本。除此之外，在服务人民、提升企业运营效益的基础上促进社会进步，进而提高人民的物质文化生活水平也是信息管理与信息系统创建的重要目标，是信息行业发展的主要动力。

　　总而言之，信息管理与信息系统创新建设的有效措施包括强化创新意识、注重信息技术开发以及人才的培养。同时还应该注重健全信息管理制度，以合理的制度维护系统创新建设。此外，信息管理部门应该注重增强信息系统的查询功能以及资源共享功能，为信息管理发挥实效创造有利条件。

目　录

第一章　信息管理理论基础

第一节　信息与信息管理

信息技术以其独有的优势逐渐得到社会各行业工作以及日常生活的应用及认可。本节主要对信息管理与信息系统创新建设的目标进行分析，有针对性地寻求提升信息管理效果与加强信息系统创建的有效措施，致力于通过信息系统的完善为信息传播与整合提供技术支撑，满足新时期社会对信息技术的需求。

信息管理技术水平的提高直接影响信息传输与处理的合理性，而生产行业的发展使得各个行业对于信息技术的要求越来越高，停滞不前的信息管理及系统适应性不足。对此，不断提升信息管理效果，强化信息系统构建呈现出必要性，对于迎合时代发展，维护信息资源高效整合、促进资源共享具有深远意义。

一、信息管理与信息系统创建的主要目标

信息管理对于行业数据信息的传播与查看有重要作用，同时也是企业运营的信息整合传输保障。通过对计算机硬件、软件及其他办公设备的合理应用，实现对信息的收集、传递，以企业战略竞优、提高收益和效率为主要目标，为企业各项工作的开展提供便捷的信息服务。例如，企业的统一规划管理离不开各个部门的协调配合，而协调过程需要有高质量的信息传递，还需要保证各类信息资源传播的效率，以此维护企业运营效益，降低信息处理成本。除此之外，在服务人民、提升企业运营效益的基础上促进社会进步，进而提高人民的物质文化生活水平也是信息管理与信息系统创建的重要目标，是信息行业发展的主要动力。

二、信息管理与信息系统创新建设的有效措施

（一）增强信息管理及系统创新意识

信息管理及系统创新意识的增强对于管理效果的增强具有直接影响，特别是对于目前社会经济迅猛发展，各类信息层出不穷，需要信息传输整合系统具备更高的性能，以便于

保障信息管理质量,发挥信息技术的作用。这就要求信息技术相关人员明确行业发展目标,树立创新意识。在提升信息管理意识方面,管理人员应该发挥带动作用,正确引导。例如,信息企业管理人员可以通过开例会的形式让员工意识到信息管理质量提升以及系统创新建设的重要性,同时让员工清楚本公司的发展方向与发展目标,让员工深切意识到技术创新对于维护企业持续运营的重要意义,进而以负责任的态度面对系统创新建设工作,为信息管理质量的提高创造更多机会。

(二)加强信息技术的开发

信息技术的开发是强化信息管理、促进信息系统创新建设的关键因素,因此信息企业应该注重自身技术的创新与研发,避免被时代的信息浪潮冲击而影响新时期信息管理体系顺应时势发展。在信息技术开发方面,技术人员应该加强学习,秉承创新理念开展技术研发工作,还应该充分认识到信息技术发展现状。例如,管理人员可以针对技术开发成立工作小组,在维持企业日常工作稳定开展的基础上利用一些时间开展技术开发工作。同时,企业应该多为技术人员提供外出学习的机会,通过不断积累经验、信息技术学习给信息系统创新建设提供支撑,健全信息管理体系。

(三)建立完善的信息管理与信息系统创新建设制度

完善的管理制度是各企业稳定运营的必要条件,所谓没有规矩不成方圆,只有建立并健全管理制度,才能维护各项工作顺利开展。对于信息管理及信息系统创建,企业管理人员应该在充分了解信息系统发展现状的基础上明确自身的发展方向,进而制定适应企业目标、满足信息行业发展需求的管理制度,为管理工作的开展提供依据。例如,管理人员可以制定定期开展信息系统创新建设的制度,对信息技术人员的创新工作给予一定约束。同时还可以制定科学的奖励制度并注重制度的落实,为信息管理及系统创新建设进程中付出辛苦的员工以及做出突出贡献的员工给予物质奖励,鼓励员工秉承创新思维投入到信息系统创新建设工作中,确实促进信息管理水平的提高,推动行业进步。

(四)培养优秀的信息技术人才

培养优秀的信息技术人员也是加速信息系统创新建设的有效措施。目前,一些信息企业的员工在信息系统管理方面存在专业性不强的现象,新员工存在过于依赖老员工的情况,创新和主动学习意识不强。这直接影响了信息管理效果,也不能够给系统创新提供技术支持,不利于信息行业的长远发展。对此,企业管理人员应该在团队建设方面下功夫,积极培养优质人才。例如,企业管理人员在落实招聘工作时应该加强对应聘者能力的考核,招揽信息技术能力较强的人员入职,为信息技术团队增添力量。同时新时期社会对于人才的需求呈现多元化,对于综合素质有更高的要求,企业的人力资源管理者应该有针对性地拟定考核标准,提高招聘质量。除此之外,企业应该加强对信息技术人员的能力培训,通过不断学习的方式提高员工能力,以便与时俱进,为信息系统创新建设提供人力资源支撑,促进企业长远发展。

（五）保障信息系统的资源共享功能

资源共享是信息系统创建及运行过程中所要关注的重点内容，特别是对于相关数据的处理及传输，十分严谨，不容有误。而且，不论是企业传输信息，还是日常信息交流，都有一定的保密性，这就要求信息管理系统具备资源共享功能和良好的信息整合与区分功能，以便实现数据的准确统计与核算。为了保障资源共享功能发挥作用，需要加强对技术人员能力的培养，特别是专业学习阶段，应该打好坚实基础，普及资源共享功能创建技术，为信息管理提供技术支持，促进新时期信息行业稳定发展。

总而言之，信息管理与信息系统创新建设的有效措施包括强化创新意识、注重信息技术开发以及人才的培养。同时还应该注重健全信息管理制度，以合理的制度维护系统创新建设。此外，信息管理部门应该注重增强信息系统的查询功能以及资源共享功能，为信息管理发挥实效创造有利条件。

第二节　信息管理的信息科学基础

进入 21 世纪以来，我国的经济快速发展，科学技术不断进步，数据信息呈现出爆炸式增长的特点，每个领域都包含了非常广泛的数据信息，人们亟需一种先进的数据管理技术对这些海量的数据信息进行管理，计算机数据库技术就是在这种情况下出现并发展起来的。现在计算机数据库技术在各个行业中的应用越来越普及，未来的发展前途更是不可限量。本节首先阐述了计算机数据库技术的主要特点，然后分析了计算机数据库技术在信息管理管理中的应用现状，最后论述了完善计算机数据库技术在信息管理中应用的重要措施。

信息管理是指使用计算机技术手段，同时借助网络技术，按照相关的制度规定，对资源进行全面分析和有效管理。目前来看，基层管理信息化还未得到全面普及，因此，信息化管理方式有待提高和改进，但是在实际的工作中，管理的信息化并不等同于档案的数字化。

一、计算机数据库技术的概述

今天，随着现代化的发展，越来越多的人使用计算机。根据计算机的操作，数据库技术主要依靠计算机的内部数据库来合理地管理和存储各种数据，这对提高计算机性能具有重要意义。在常规的运作过程中，数据库对于信息管理来说非常重要，因为通过数据库的各种功能，我们可以进行有效的信息管理，增强计算机的功能，例如高效存储和管理各种数据的信息。一般而言，数据库技术并不是一种单一、固定化的结构，而是一种能够相互传递共享信息的技术，在执行各种输入和输出操作时，你可以进行逻辑控制，并为用户提供不同的便利。同时，数据库可以与计算机的其他功能共享，并且可以执行远程操作，例如不同区域之间的协作。

二、我国管理科学与工程研究现状

（一）优秀成果显著，新理论、手段不断发展

在信息管理方面，管理科学与工程的发展注重统筹兼顾好开发加工信息产品、组织采集信息、知识与信息应用及整合优化服务信息间的关系，其中在智能化商务、移动设备商务及网络电子商务领域中都取得了巨大的突破与成就，同时也加强了对工业工程中工作人员、信息能源、机械设备等各方面的系统研究。另外，管理科学与工程在理论知识方面也有了新的突破，如可拓学、粗糙集、模糊数学、集成分析、灰色系统及未确知数学理论，不仅提供了新的研究领域与范围，还使得人员、技术和组织系统的结合应用充分发挥出可观的社会经济综合效益。

（二）管理科学与工程学科的潜在隐患

①研究方法不够科学精准，定性定量分析结合不够紧密，还难以完全与国际接轨，更重要的是创新成果较少且缺乏创新能力，还难以解决社会、企业与政府等的实际问题，直接造成实践与理论脱节；②许多从事管理科学与工程的研究人员自身并不具备丰厚的专业理论知识与实践操作经验，仍旧沿袭传统意义上的滞后思维模式，更甚至在从事管理科学与工程研究的过程中出现低级的人为失误漏洞，不利于推进后续工作的深入开展；③研究成果评估标准和手段仍旧沿袭传统意义上的滞后模式，难以形成具有中国特色的研究成果。

三、完善计算机数据库技术在信息管理应用的有效对策

（一）提高数据库技术的安全性

提高数据库技术的安全性主要指的是加强对数据库的保护，防止非法入侵，导致数据库中的数据信息被盗用。数据库技术安全性的高低是衡量数据库质量的重要指标。上文中提到，数据库技术的一大特点是共享性，但是数据共享又必然会带来一定的安全问题。需要注意的是，数据库技术的共享性特点并不是完全的共享，也不意味着是共享所有的数据信息。军事、商业机密等数据信息不仅不能共享，而且还需加强对其保护，通常会采取数据加密等措施来防止重要数据信息被盗取。

（二）加大信息管理基础设施的投入

信息管理部门应该加大对基础设施的资金投入，及时更新计算机、存储工具、服务器、路由器、扫描仪等硬件设备并不断更新信息化软件管理系统。另外档案管理部门，应根据档案资料的不同类型使用多媒体信息技术和3D可视技术，使传统的纸质档案能够通过多媒体的形式表现。

（三）计算机数据库恢复技术

信息管理还可能导致关键数据丢失，确保数据完整性并改善数据恢复。计算机数据恢复可以分为两类，第一种方法是定期备份数据库数据，将其保存在其他存储设备上，并做好备注。对于无法修复的严重损坏的数据，您需要将数据库备份到另一个磁盘中，利用磁盘日志来处理信息。另一种方法是用已保存的日志来删除无效数据，并对数据进行排序，这样，可以更快地实现计算机备份和恢复，并更可靠地管理数据。

四、管理科学与工程的未来发展趋势

①网络信息环境下的管理系统研究成为重点，加大向信息和网络管理模型、信息技术与管理、运筹与管理等领域的倾斜，同时科技发展和学科交叉扩大了研究领域，这在一定程度上促进了网络招标行为、企业并购行为与行为经济学的发展；②逐步强化建设管理科学与工程的平台，建立研究资源和研究成果共享的机制，必须加强对知识产权的保护来维护研究成果，牢固树立"以人为本"的工作宗旨；③清晰认识到当今市场的竞争激烈与需求渐趋多样化，企业的竞争应该由产品、技术等因素转向知识、信息等因素，从而为经济的快速发展提供必要的支持。

综上所述，随着计算机数据库技术的飞速发展，其在信息管理中的应用将会不断广泛。未来要想让计算机数据库技术在更多的领域发挥出最大的作用，就必须加强对计算机数据库技术理论的研究，丰富实践经验，让理论与实践充分结合，切实提升计算机数据库技术的安全性，让计算机数据库技术的特点都能发挥出来，不能成为其应用的短板。只有这样，才能让计算机数据库技术具有广泛的发展前景。

第三节　信息管理的管理科学基础

随着当今时代的进步与人类社会的发展，各行各业都在采用高尖端人才和集成配套及信息综合性技术，已经把人们的意识推进信息模式的人机智能化运行之中。在重重叠叠的多元化、多层次化管理中，信息化管理已交织了个性化与自然的特点，已形成了多元信息化和多元层次化管理等的新格局。逐步进入社会自然与理想的运行轨道上，把人类发展理念推向自然信息云端上了。怎样才能把握信息的自然观与创新智能管理发展观的统一和协调一致呢？如智能化的编程是把人机与智能相应相生关系融合和统一，这也充分地证明了人的智慧和能力。但智能化的本身就是时代的产物，同时也伴随它的有效性和延续性。为了人类自然科学与未来信息化管理的相通互助的流通性，笔者根据信息的来源采集与上下流动以及人才和管理上的问题，提出了新的空间宇宙形态的能动的管理化轮盘式图形。用马克思主义的唯物辩证原理，如何把握好当今人才智能化与社会自然发展的协调关系，采用未来人类发展延续与生成的新思维理念和新信息管理运作方法。该方法适用多个领域和行业的信息化管理架构。如有不妥之处只供参考。

一、单一的人性化管理

天地间万物聚生，无论植物、动物和微生物以及自然环流太空等都在不断地发展与进化演变。而人的大脑与意识也同样是在深化和适应与创造而不断的进取发展中。单一地为了提高效益片面索取更多的财富，而不顾一切地去毁掉自然和人的要素。规避强行掩饰其自身目的，而设立一系列的人为的条例"限制"为之的管理。似乎这样就是以"人为本"的属性理念。而失去了自然平衡的能力与环境和其他融合与发展的特性。单一的向往与梦想等都是一种美好的愿望。把握好大环境适应科学的发展的规律与自然的融合，唯有科学的人性化与智能化相结合的管理才是自然的和持久的。

当人们在社会发展现实中，无法实施和实现目标而感到困惑，却感觉压力疲惫而又无力。这就是想法与实际形成了差别困惑的原因。在单一与单调的业务化管理与制度的执行中，人们看不见奋斗的目标，而在茫茫人海中，又受控于不公正的人为监督因素，人与人的管理就成了管理的权利限制，就难免会出现单一和独断性。

在单一的人为化管理中也形成了阶段的系统管理。制度条例都是一种固定的产物，人的思维是随着时间与空间在不断地发展变化，而条例制度又受控于人，因此，脱离了整体人类与环球发展的自然规律，必然产生矛盾和焦虑的无序志向和困惑。

在人为化的条例与管理弊端中，又磨灭了敢于攀登的决心与志向的人们，他们在无能为力的现实面前和不透明中而倍感焦虑和沉默而耗尽创新的能量。高层的信息决策也就只能来自单一阶段的索取和掌控了，失去了人才智慧的全面完整与真实公证的信息发展渠道。这样脱离了自然客观制定一些管理条例，本来就失去了发展意义。

目前走群众路线也就是从多层次、多领域、多学科相结合与实际来制定计划和规划，用合理的制度条例来调动人和激励人，把法规制度公开。人人在平等面前是透明和公正的。也就是解放思想消除困惑，真正把人的智慧与聪明才智，融合在制度和法规权利的自然之中。把智能之人解开束缚的格局，放飞智慧的创新能量。把他们的理想希望融入发散思维的能力之中。形成自我自理的自然的管理制度中，也就是人性化的管理。

二、管理与自然整体脱节

人都在不断地追求自然完美和非自然，理念与幻想，现代与未来相适应的合理运行轨道。在单一环境的管理下或许已被规避级别和档次的人为因素，失去无法应对现实和去改进与创新智能空间的作用。这种规避式的单层面的重复性管理，从根本上失去了自然的从上到下与从下到上的整体交流与融入，变为单一的脱节的状态，整个思维创新能力，也就形成了突不破的相对步伐，自然地就造成了信息管理层面上的种种束缚和融入社会互通的管理弊端。

这已在现实中造成人人为名、利、权的竞争（内耗）。而把人与人焦虑感加深，这样的管理也自然无法施展，只是增强内耗削弱自然的有生力量。管理只能束缚行为上的范本，不能束缚人性的智能反应，因此，应打破和废除一些违背社会发展规律的条款的种种格局和与人的级别、档次束缚，释放人的自信和自然智慧空间，增强整体与总体上的信息资源共享，满足社会发展自然的规律，树立起人与自然的科学合理的管理才是明智的。譬如年复一年的重复性自然灾害中，不难发现只考虑到某种自身利用。把一些本不该开发的地方，河床、峡谷、溪流等，人为地去改造而不去梳理和自然保护好，原本的十年、二十年，百年不遇等都是有自然规律的。人的大脑发育健全完善，同样需要与社会自然环境来产生理想和能动的吸纳，人的生活的健康意志也是通过常态发展中形成的规律。

三、科学管理与社会发展

科学的研究只是要靠社会市场，还要考虑整个自然人的环境与非同类的相辅相成的融合。用科学的知识智慧，去探索、开创和造就先进的技术手段，在实际认识的过程中既要探索目标，同时又要考虑研究达到目标和技术的适应性与完整性。志向人、理想人才形成真正的团队群体，形成团队也好，形成群体也好，这只是管理中的格局形式，而意识和思想上的统一，才能把智慧和创新融合。目前，我国在大力提高国家科技实力，在全民创新大众创业的鼓舞下，产生了一大批的创新园区、孵化园以及联合开发中心等等。根据目前媒体采集的信息了解，部分在运转上都存在无法进取和维持的状态。他们中的部分只看到国家给予政策和优惠的条件和利益，根本未形成创新的能力和开发的实力条件。而在管理中只需要的形成格局与装点布设，似乎达到某种高科技含量上的面子工程，进行全面开采和引进人才，做巢引凤等多样化的形式。人才成果业绩也进行了组装和搭配，实力进行拼凑雾化达到国家对此投入的目的。在松散的团队及平台建设和管理中，从而自然地失去了对社会发展的正能量。这种也还是管理环节上带来的。只限于经济上的考虑是远远不够的，把民族的信仰、精神也淡漠了。有理论上的高端意识去创新，而不从根本上置身于自然融入现实之中去认识和提炼。创新人才同样也有生成的条件及人性化的基本特征。一个和民族的兴旺发展也要靠社会整体文化的统一，在现实中去实现和把握未来的发展。应该废止和清除与发展不相适应的条款和管理。它已扰乱了人们的思绪和自然的生成空间及自然的法则。

四、信息化管理是科学发展的必然性

科学和信息化技术研究是时代赋予的新课题。它犹如超时空的星宇轮盘，布满整个宇宙空间。通过实践研究，在区域及各行业部门间，都必然存在动态性发展与信息化互通管理的问题，如何来寻求一种新的与时代接轨的全方位立体空间的动态规律的信息化管理呢？作者通过研究得出了一种新的信息化管理模式，并用整体能动的管理化轮盘式图（蛛网）形化动态信息数据的管理方法，形象阐述了各层次与领域的管理阶段中，人才物和信息流通上下互动的原理，信息化与管理化的智能关系，以动态的发展规律去探索，把现实繁杂的各行业领域中相互连接、相互依赖、相互促进、相互影响、相互转化等相生相连关系。

总之在自然运行中的管理化轮盘式的信息化蛛网，它又与宇宙其他环流相融的管理相通。把握时态变化的先机，用信息数据精确及管理一体化贯通。计划也好规划也罢，指向的是一个目标，而实现目标需要的是各方数据信息流通和人的创造及随时更新的发展途经和方略的管理。这样才能实现目标的可行性与实现目标的真正目的，也才能展开它应有的效能和应有的作用。

第四节　大数据管理

随着数据获取和计算机技术的进步，大数据已成为一种新的国家战略资源，引起政府和社会各界的广泛关注。根据国际数据公司（International Data Corporation，IDC）统计和预测，人类产生并存储下来的数据在 2009 年已达到 0.8ZB，2013 年就已突破 4.4ZB。数据总量仍快速增长，预计到 2020 年数据总量将突破 44ZB，为 2013 年的 10 倍，到 2025 年可能达到 163ZB。大数据已经渗透到各行各业之中，成为重要的生产因素，对人类必将产生重大而深远的影响。Nature 阐述了在数据驱动的研究背景下，解决大数据问题所需的技术以及面临的一些挑战。Science 围绕科研中大数据的问题展开讨论，说明大数据对于科学研究的重要性。

鉴于大数据对经济、社会和科技等领域拥有着巨大的价值，世界发达国家投入大量人力和财力，相继制定了促进大数据产业发展的政策法规。2012 年 3 月美国政府发布了《大数据研究和发展倡议》，投资 2 亿以上美元启动"大数据发展计划"。2012 年 5 月英国建立了世界首个非营利的开放数据研究所（The Open Data Institute，ODI），为英国部门、学术机构等方面提供"孵化环境"。2013 年 8 月澳大利亚政府信息管理办公室发布了《公共服务大数据战略》，推动公共行业利用大数据分析进行服务改革，使澳大利亚在该领域跻身全球领先水平。2016 年 5 月，联合国的 Global Pulse 倡议项目发布报告，阐述大数据时代各国特别是发展中国家在面临数据洪流的情况下所遇到的机遇与挑战，同时还对大数据的应用进行了初步解读。

我国政府高度重视大数据的研究与应用，2015 年 9 月，国务院出台了《促进大数据发展行动纲要》，系统部署大数据发展规划，明确提出建设数据强国。2015 年 10 月，党的十八届五中全会首次提出"实施国家大数据战略"，将大数据上升为国家战略。2017 年 10 月，"数字经济"写入中央政府工作报告，党的十九大报告提出了"建设数字中国"和"大数据和实体经济深度融合"。从而掀起了全面开展大数据研究，推动大数据的技术应用，提升大数据领域的自主创新能力和核心竞争力，促进我国经济转型和经济发展都具有重要的意义。

一、大数据的概念

全球著名的管理咨询公司麦肯锡也是大数据研究先驱者之一，在其研究报告《大数据：创新、竞争和生产力的下一个前沿领域》给出大数据的定义：大数据是指大小超出常规的数据库工具获取、存储、管理和分析能力的数据对象集合。同时强调，大数据不一定要求数据量达到 TB 级别。国际数据公司（IDC）从四个方面描述大数据，即数据规模最大、数据快速动态可变、类型丰富和巨大的数据价值，具有这些特征的数据集合称为大数据。维基百科（http://en.wikipedia.org/wiki/Bigdata）给出的定义是在合理的时间内，无法通过现有软、硬件体系结构对数据资料进行收集、存储和处理，并帮助决策者进行决策服务。

大数据概念较为宽泛，除了具备数据量之外，还具有数据的多样性，关键是利用信息技术和处理模式，无法在一个合理时间内得到所需要的信息资源。既要关注大数据本身的特点，还要关注大数据具备的功能特性。

大数据是以容量大、类型多、存取速度快、应用价值高为主要特征的数据集合，正快速发展为对数量巨大、来源分散、格式多样的数据进行采集、存储和关联分析，从中发现新知识、创造新价值、提升新能力的新一代信息技术和服务业态。目前按照国际数据公司所提的"4V"模型描述大数据的特征，即容量大、类型多、速度快、价值高。

（一）容量大

当前数据正以前所未有的速度聚集和增长，数据存储单位逐渐被 PB、EB、ZB、YB 所替代。在电商、社交网络、能源、制造业和服务业等领域都已积累了 TB 级、PB 级甚至 EB 级的数据量。

（二）类型多

大数据另一个重要的特征就是数据类型多样化，数据存在形式包括结构化数据、半结构化数据和非结构化数据。2012 年，非结构化数据占整个互联网数据量的 75% 以上，相信在今后数据存储方面仍然以非结构化数据为主。大数据时代数据分析的重点为非结构化数据的处理技术和模型研究。

（三）速度快

大量数据快速产生，信息价值稍纵即逝。想要从高速、体量大的数据中获取有效信息，必须配备高速的大数据分析处理器，满足实时性需要，大数据分析主要包括在线分析和离线分析。

（四）价值高

大数据拥有大量有价值信息，通过提炼信息和数据分析，在无序数据中建立关联可以获得大量高价值的、非显而易见的隐含知识，能够在更高的层面和视角帮助用户提高决策力，洞察未来创造出更大的价值和商机，对社会、经济和科技等方面具有重要的战略意义。

二、大数据的应用

新一代信息技术的快速发展、信息化程度的不断提升、物联网的广泛应用等现象，体现了人类社会已经进入大数据时代，现在人们每天的衣食住行都与大数据相关。在大智移云技术的推动下，公用事业、市政管理、城乡环境、健康医疗、社会救助、养老服务、劳动就业、社会保障、文化教育、交通旅游等领域沉淀了大量的数据资源，大数据技术会在越来越多领域得到广泛应用，通过云计算、物联网与大数据技术深度融合，对大数据进行采集、存储、挖掘与分析，有效提升了大数据管理各个流程的技术水平，促进大数据应用成本减少和介入门槛降低。大数据将成为人类认识世界和改造世界、推动智能化的有效工具，大数据的未来发展空间将更加广阔。

《促进大数据发展行动纲要》中提出了推动大数据发展和应用的总体目标：打造精准治理、多方协作的社会治理新模式；建立运行平稳、安全高效的经济运行新机制；构建以人为本、惠及全民的民生服务新体系；开启大众创业、万众创新的创新驱动新格局；培育高端智能、新兴繁荣的产业发展新生态。

三、大数据的挑战

大数据时代的数据总量快速增长，伴随着对数据管理的巨大挑战。通过对大数据管理流程的梳理，总结出大数据管理中正面临着六个方面的挑战，分别是专业化人才、大数据集成、大数据分析、数据安全性、软硬件协同和管理易用性。

（一）专业化人才

大数据时代，组织需要大量既精通业务又能数据分析的人才（严霄凤等，2013）。目前，美国面临大数据管理人才、大数据经理人和分析师缺口近200万人，在我国数据工程师也是稀缺人才，大数据对我国相关专业人才的培养模式以及现有人才的储备提出了严峻的挑战。

（二）大数据集成

大数据的广泛性使得各类数据越来越多地分布在不同的数据管理系统中，便于数据分析所需而进行数据的集成。数据集成在大数据获取过程中扮演着"融会贯通"的角色，可分为传统数据集成和跨界数据集成。在数据采集过程中，由于数据可能来自自治的数据源，因此难以确保数据的模式、模态、语义等一致。

（三）大数据分析

数据分析是用适当的统计分析方法对集成的大量数据进行分析，将其加以汇总和理解并消化，以求最大化地开发数据的功能，发挥数据的作用。大数据分析不是简单的数据分析延伸，针对大数据规模大、更新速度快、来源多样性、价值密度低等性质给大数据分析带来了一系列挑战。

（四）数据安全性

当今社会网络化和信息化的快速发展导致数据爆炸式增长，数据的价值越来越重要，大数据隐私和安全逐渐被重视起来。数据安全主要包括两个层面：一是数据防护安全，二是数据内容安全。美国"棱镜门"事件引发世界各国对个人隐私和数据安全的高度关注。大数据在产生、获取、传输及存储等环节面临着诸多安全风险，具有强大的数据安全与隐私保护的需求。因此，实现大数据安全性比以往安全问题更为棘手。

（五）软硬件协同

一方面，硬件异构性带来的大数据处理难题，因不同时期采购的不同厂商的服务器在系统运行和处理速度方面存在很大的差别，导致整个数据中心的各台机器之间的性能存在着明显的差异；另一方面，软件系统都是依托在计算机硬件体系中，CPU 的发展一直遵循摩尔定律，且其架构已经从单核转入多核，深入研究如何让软件更好地利用 CPU 多核心之间的并发机制。新型非易失存储器件的出现，给大数据管理系统带来新的希望，闪存、PCM 等新型硬件具有低能耗特性，这将给现有的大数据处理带来一场根本性的变革，软件将不受硬件的绝对限制。

（六）管理易用性

从数据集成到数据分析，直到最后的数据解释，易用性贯穿整个大数据管理的流程，易用性的挑战主要有两个方面：一是大数据时代的数据量大，分析更复杂，得到的结果形式更加多样化，大数据复杂程度已经超出传统的关系数据库；二是大数据已经广泛渗透到人们生活的各个方面，很多行业都开始有了大数据分析的需求。但是这些行业的绝大部分从业者都不是数据分析的专家，在复杂的大数据工具面前，他们只是初级的使用者。复杂的分析过程和难以理解的分析结果限制了他们从大数据中获取知识的能力。

随着物联网、云计算、Web2.0 和移动互联等技术的快速发展，各种应用产生的数据正快速增长，人类社会已经步入大数据时代，这个时代大数据已经成为我国重要的基础性战略资源，正引领科技创新和科研变革，通过对大数据的应用将创造出巨大的商业和社会价值。我国充分利用数据规模优势，实现数据质量和应用水平同步提升，挖掘和释放数据资源的潜在价值，有利更好地发挥数据资源的战略作用，适应世界各国在大数据领域所展开的新一轮竞争。

信息技术作为时代不断发展的象征，不管是在我国行业的发展中，还是在人们的日常生活，都起到了重要作用。同时，在信息技术不断发展的过程中，大数据时代的应用范围也在不断地扩大，其来源渠道也非常多，数量也在不断增加。在这种情况下，大数据时代的大数据管理就显得尤为重要。由于大数据的数量不断增加，现有的管理形式已经无法满足大数据时代的发展，并且在利用计算机对大数据进行全面分析和处理的过程中，也受到了严重的影响，因此，要想有效地对大数据进行充分利用，就要对大数据管理形式给予高度重视，采取有效的措施，不断丰富大数据的管理形式，最终实现有效、便捷、安全等管理性能，这也为对我国信息技术提供了重要的发展方向。

四、大数据时代的大数据管理发展历程

近几年，在大数据管理不断发展的过程中，也取得了一定的成绩。但是，大数据管理也经历了一个漫长的过程，主要经历的人工、文件、数据库等管理阶段。同时，随着大数据时代的大数据不断增加，所管理的范围和环境也在不断地变化。并且，在大数据管理不断发展的过程中，一些管理问题逐渐暴露出来，为大数据管理的发展带来了新的挑战和机遇，下面就大数据管理的发展历程、管理中存在的不足进行简要的分析和阐述。

（一）大数据时代的大数据人工管理形式

20世纪50年代，计算机技术的形成主要是针对科学计算等形式。同时，根据当时的发展技术来说，并没有磁盘、U盘等一些先进设备，将其计算的结果进行全面的保存和整理，仅仅是依靠纸带、卡片等形式，对大数据的进行有效的记录。大数据时代的大数据管理的人员管理形式，不仅仅对大数据的记录存在着一定程度上的误差，并且在保存的过程中，也会经常发生丢失的现象，对大数据时代的大数据管理形式的发展，没有任何帮助。但是，依照当时的技术水平来看，也智能的依靠人工管理的形式了。

（二）大数据时代的大数据的文件管理形式

在大数据时代的大数据管理的人员管理形式，不断发展和改革的过程中，计算机的软件和硬件都得到了有效的提高，磁盘、磁鼓等储存软件，得到了全面的普及和发展。同时，在不断发展的过程中，计算机将大数据的组成形式叫作大数据文件，并且在大数据文件上就可以直接取名字，直接查看，这对大数据的管理，无疑不是一个新的发展的起点。在大数据时代的大数据文件管理的过程中，由于大数据长期的保存在外面，这样在对的大数据处理、分析、查找、删除、修改等操作的过程中，提供了极大的便利，其对其操作的程序，也具有特点的要求。但是，在文件管理的过程中，由于共享性能较大，数据与数据之间缺乏一定的独立性，对其管理和维护的费用和时间成本较大，这样往往工作效率提高，不能被广泛地使用。

（三）大数据时代的大数据库管理形式

数据库管理形式是大数据管理不断发展的重要成果，也是到目前为止最后的一个阶段。在计算机技术不断发展的过程中，计算机内部的容量得到了很大的提高，并且大数据的管理和维护成本也有所下降。同时，在大数据管理形式不断发展的过程中，对其系统管理内存不足等现象，进行了全面的提高，有效地实现了资源共享，也在最大程度上保证了大数据的安全、稳定等性能。另外，在大数据时代的大数据库管理的过程中，不在近几年只是

固定在某一个计算技术应用体系，而是面向整个管理体系，以此在最大限度上提高了大数据共享的性能，使大数据与大数据形成一个独立的个体，对其大数据进行了全面、有效的、统一的管理，为我国信息技术的发展提供了重要方向。

五、大数据时代的大数据管理策略

（一）对大数据时代的大数据管理框架进行创新

在大数据时代的大数据管理形式不断发展过程中，给企业发展带来冲击非常大。因此，企业要根据我国信息技术不断发展的形式，对大数据管理框架进行全面的设计和创新，如图1所示。在大数据的处理的过程中，主要是围绕着数据资产进行管理的，同时对大数据时代的大数据管理制度，进行全面的规划、设计、创新，这样对其他信息技术管理领域，提供了便利的条件。其实，大数据时代的大数据管理最主要的目的，就是将大数据的价值进行充分的展现。另外，在大数据时代的大数据管理框架不断创新的过程中，有效地实现了大数据共享等性能，不断增加了大数据时代的大数据管理的内容，对我国现代化信息技术的发展，起到了重要的作用和意义。

（二）开发与内容的管理形式

在不断提高大数据时代的大数据管理形式的过程中，可以从两个方面进行，一是大数据开发管理，二是内容管理。其中大数据开发管理注重大数据管理的定义，和管理解决策略，对其大数据的存在价值进行有效的开发。换句话说，其实也就是在大数据时代的大数据管理的过程中，对其管理形式的开发，对大数据的功能和价值，进行充分的理解。

大数据时代的大数据管理中的内容管理是指：企业对大数据不断地获取、使用、存储、维护等工作活动。因此，传统的大数据时代的大数据管理形式，已经无法满足对这个时代发展需求。因此，在时代快速发展的推动下，要对开发管理和内容管理，进行全面的创新和设计，对需要专门设定的管理形式，要给予高度的重视，可以利用集合型的保存形式，进行全面的保存。

其实，大数据时代的大数据管理主要是为企业提供重要的发展方向，为企业提供重要的价值信息。大数据时代的大数据管理在数据应用和开发的过程中，起到了重要的衔接作用，也为我国信息技术的发展打下了坚实的基础。

（三）对大数据架构进行全面的管理

在大数据时代的大数据管理的过程中，数据框架管理起到了重要的作用，并且与大数据开发的过程中，有很多相似的地方。在传统的大数据时代的大数据管理的过程中，对其数据的开发、处理、保存等形式，都受到了一定程度上的限制。因此，在对大数据时代的大数据架构管理的过程中，对其操作形式，进行了全面的管理创新，避免受到范围的限制。另外，随着大数据不断地增加，大数据构架管理可以根据大数据的用途选择质量良好的应用形态。例如，社交网络等形式。

与此同时，在最近几年的发展中，大数据时代的大数据管理形式，也面临着新的挑战与机遇。以此，只有对大数据时代的大数据管理形式，对个人信息、隐私等进行全面的管理，避免个人信息、隐私等发生泄露、不对称等现象，这样不仅仅企业在发展的过程中，提供了最大限度上的安全保障，也为大数据时代的发展，带来了新的发展篇章。

综上所述，大数据时代是信息技术时代不断发展的产物，不管对我国经济的发展，还是人们在日常工作、生活的过程中，都起到了重要的作用和意义。因此，本节对大数据时代的大数据管理发展的历程进行了简要的分析，并对大数据时代的大数据管理形式，提出了一些可参考性的建议，只有对大数据时代的大数据管理形式，进行不断的创新，对大数据时代的大数据管理框架，进行不断的构建，也只有这样的才能在最大限度上促进了我国信息技术的发展，也为我国各行各业的发展提供了重要的发展方向，对我国经济的发展，也起到了推动性的作用。

第五节 BIM 监测信息管理案例研究

BIM 与工程监测存在功能互补，BIM 与监测信息的集成对工程信息化管理有重要价值。如今梳理 BIM 监测信息管理的概念与系统框架，结合案例研究，对其技术方法、应用成效进行分析，并总结出实现 BIM 监测信息集成管理的四要素，即：工程信息的标准化集中管理，监测信息与 BIM 模型的动态关联，监测信息的可视化表达，与新兴技术的集成创新，可作为后续相关研究的参考。

近年来，建筑信息模型（Building Information Model，BIM）技术在国内快速推广，其应用方法与技术是当下研究热点。BIM 应用的关键是工程信息的有机集成、共享与管理，通过对工程信息的有效组织与追踪，支持、反映各方的协同管理，辅助与优化项目决策，以发挥提高效益、降低成本、控制风险的作用。

监测信息是工程信息的重要组成部分，反映了工程在实施阶段的各项重要指标，其内涵信息与工程目标高度关联。BIM 若无管理工程监测信息的能力，即无法实现对复杂工程信息的有效组织与追踪，影响 BIM 在工程实施阶段的应用成效。伴随 BIM 应用研究的深入发展，BIM 监测信息管理受到业界的重视，在一些工程项目中进行了相关研究与应用，探索了多样化技术方案。收集整理相关案例，研究其理论、技术以及工作模式，分析其共性，对于该领域的进一步研究有重要参考意义。

一、BIM 监测信息管理的内涵

BIM 监测信息管理是 BIM 模型与监测信息的集成，是工程监测与 BIM 应用的业务整合，是通过关联 BIM 模型与工程监测信息，利用工程监测信息充实 BIM 内涵，利用 BIM

模型直观表达监测信息的策略与方法。BIM 监测信息管理可充分挖掘工程信息价值，优化工程管理决策，强化工程风险管控能力。

BIM 能够高效地组织工程信息组织，数字化的 BIM 模型可有机集成复杂工程信息，强化相关信息之间的联系，是提供信息传递、过程模拟、动态分析的高效工具；通过 BIM 模型标识转化抽象监测数据为可见信息，大幅提高信息表达的效率，形成整体化、动态化的监测信息模型，可强化监测对工程管理的指导作用。

BIM 监测信息管理是工程监测活动与 BIM 应用的整合重塑，其内容包含监测数据采集、监测数据标准化管理、监测数据分析、BIM 模型可视化等工作。

二、BIM 监测信息管理的基础框架

（一）BIM 监测信息管理硬件基础

依据工作内容差异，BIM 监测信息管理硬件框架可分为四个层面，即信息采集层、信息传输层、信息管理层、应用层。信息采集层设备负责工程信息的采集，主要硬件为工程测量设备，包含各专业传感器、测量仪器等；传输层设备负责传递、交换测量设备所取得的监测数据，主要硬件为传输介质与传输设备，例如调制解调设备、光纤、无线网络等。信息管理层是整个框架的核心层，该层设备负责监测数据的标准化处理与储存、监测数据的分析与判断、BIM 模型的创建与维护、BIM 动态模型以及相关管理信息的实时发送等重要工作，主要硬件为网络服务器与计算机；应用层设备负责信息的发布与反馈，利用计算机、手机等设备提供整体化的工程信息管理窗口，利用自动化设备根据监测信息进行对应调控。

（二）BIM 监测信息管理的软件基础

当前 BIM 监测信息管理处于探索性应用阶段，尚未有成熟软件方案，但 BIM 监测信息管理对于软件的需求基本是明确的，包括以下几个方面：①BIM 建模能力，即 BIM 模型的创建与编辑，在模型层面明确建筑内部结构、材质、几何、相对位置等关系信息，提供建筑信息管理的基本框架；②监测数据库管理能力，将以各种手段取得的监测数据数字化、标准化管理的能力，便于其他软件调用；③监测数据分析能力，根据相关标准和计算等方法内置数据分析逻辑，对于实时监测数据进行分析判断的能力；④监测数据表达能力，对于监测数据的判断结果表达为可视化结果，并快速反映到 BIM 模型上的能力；⑤模型展示能力，将 BIM 动态化模型快速发送给管理决策者，提供统一、透明、公开的协同管理平台。

三、BIM 监测信息管理案例分析

通过文献调查，收集 BIM 监测信息相关案例，分析案例对应的应用领域、技术要点、

应用成效，挑选代表性案例进行介绍。

（一）深基坑工程监测领域

深圳某地铁项目基坑项目采用了基于 Web 与 BIM 的监测信息管理方案。通过 web service 技术搭建程序接口，数据以 IFC 标准形式存储于数据库，通过 Revit IFC 开源接口实现数据交互。采用 Unity 将对应数据生成三维模型，提供直观的基坑工程现场三维模型。通过点选监测点可查询、管理对应监测数据，输出监测数据报表。

汉口某航运中心临江基坑项目通过 Web 系统管理监测数据，利用 Revit 软件条件语句族函数实现监测数据到构件材质颜色属性的映射，利用色差区分不同监测状态；利用 Navisworks 工具，将监测信息添加到时间轴上实现开挖过程的动态模拟。在监测信息可视化的基础上，对基坑监测信息的动态发展以模型形式进行直观表达。

昆明某高层建筑基坑项目在 Revit 软件中利用 Dynamo 进行监测数据的参数化建模，将监测点的各向位移以三维柱状模型进行可视化表达，实现了监测信息直观化。

（二）桥梁施工监测领域

虎门二桥悬索桥项目以 Tekla structure 软件建立的 BIM 模型为基础，设置结构构件、传感器的标准编码，采用数据库集中管理结构信息与监测取得的构件偏差、标高等信息，通过 Unity3D 完成模型数据的三维直观表达，监测数据与模型构件对应关联，通过选定构件可查询该构件各阶段的监测数据，实现了链接式的监测信息模型注释。

怒江特大桥钢桁拱桥项目利用 Dynamo 工具开发钢桁桥结构施工监控报警程序，以 Midas 软件计算结果为参照，对施工监测信息进行判定，将判定结果用色彩标识的形式赋予对应构件，实现了施工监测数据的可视化。

（三）结构健康监测领域

江苏南部某钢桁桥项目以桥梁三维模型为参照，确定实际结构病害位置的三维坐标，在钢桁桥 BIM 模型上将结构病害以色彩标记形式表达，建立模型构件与病害信息之间的链接，便于结构病害信息的快速查询。

沪通长江大桥斜拉桥项目将监测数据采集后上传服务器统一管理，在程序分析处理后对结构状态进行自动评价，通过三维模型反映监测设备信息、监测数据、结构病害等信息，统一管理工程全寿命周期信息，提高了工程信息的利用率。

（四）隧道工程监测领域

上海某地铁区间盾构隧道项目结合 GIS、BIM、自动化监测、有限元分析等技术形成工程监测综合管理系统。以 GIS 二维模型、BIM 三维模型对隧道信息进行直观表达，将结构病害的位置表达在对应的模型位置上，通过点选模型可查询对应监测信息，提供隧道工程信息管理的全局视野。

大连金普铁路隧道项目在 Revit 建立的隧道结构模型基础上，将 BIM 模型数据、监测信息、风险信息整合为 IFC 标准数据，由数据库统一管理并发布为 Web，利用 WebGL 生成隧道三维模型，提供地质模型、监测数据、风险判定等信息的查询，形成基于 Web 的工程综合信息管理系统。

（五）环境与能耗监测领域

台湾省北部地铁隧道项目在轨道安装过程中对隧道内空气质量进行了监测，防范有害气体造成的施工风险。编写 C# 程序实现无线传感器网络与 BIM 模型的关联，实现有害气体的浓度、温湿度监测数据到 BIM 模型对应位置的映射，采用不同颜色动态显示隧道内有害气体风险状态，对于达到报警值的区域在模型上标记为红色，并远程启动隧道内的闪光灯进行报警。

Donghwan Lee 等在世宗市某小学教学楼项目中结合建筑能源管理系统（BEMSs）与 BIM，搭建基于 Web 的建筑能耗监测管理系统，利用 BIM 模型表达建筑信息，将不同区域的能耗信息反映到模型对应位置，为建筑能耗的分析提供直观参照。

四、BIM 监测信息管理要素分析

案例研究发现，BIM 监测信息管理在各领域的探索性应用中取得了一定成效。尽管各案例在技术路线上存在差异，但 BIM 监测信息管理的实现是存在共同要素的，即：工程信息的标准化管理，监测数据与模型的动态关联，监测信息的可视化表达，与其他技术的集成创新。

（一）工程信息的标准化集中管理

工程信息标准化集中管理是以充分挖掘工程信息价值为目标，对工程信息进行分类、处理、传输、存储，形成工程信息集合以便于各环节调用的策略。工程信息通常来源多样、形式各异，若无法化繁为简，则无法实现工程信息在各环节之间的顺畅流通，将限制 BIM 集成管理工程信息的能力。

工程信息的标准化集中管理包含三个方面：一是监测数据的标准化，即实现监测数据文件格式、报送方式、存储形式的标准化；二是工程信息的数字化，使工程信息适应 BIM 应用，保障信息稳定性、精确性、互用性；三是工程信息的集中管理，为工程管理各环节软硬件对工程信息的快速调用，为工程信息的关联分析提供通路。

（二）监测信息与 BIM 模型的动态关联

BIM 与工程监测信息是相对独立的信息集合，实现 BIM 监测信息管理的首要任务是建立两者之间的联系，实现动态关联。

分析案例中监测数据与 BIM 模型关联模式，主要有以下三种：一是基于 IFC 标准文件的关联，将监测数据转化为符合 IFC 标准的信息，将其添加到 BIM 模型文件中，作为属性信息即时赋予对应 BIM 构件；二是通过窗口链接的方式实现信息管理，通过设置

BIM 模型内部构件与对应监测信息查询窗口之间的链接，点击构件实现对应实时监测数据的查询；三是通过线索（如统一编号、时间轴）关联二者，赋予 BIM 模型与监测数据关联线索，在第三方窗口实现二者结合，以过程模拟的方法实现动态关联。

（三）监测信息的可视化表达

BIM 模型对监测信息的可视化表达是 BIM 监测信息管理的核心能力。监测数据可视化是对监测结果的可视化，是建立在监测信息分析的基础之上的。为此需集成对监测数据的分析能力，需依据设计、规范、计算、经验设定监测数据的判定逻辑，利用软件工具快速判断监测数据并输出结论。

监测数据可视化的常见表达形式有两种：一是以色彩区分的可视化，如色彩分阶的方式；二是几何表达的可视化，如三维柱状图。对于不同技术内核的方案，实现可视化方法也有很大区别，但整体上可分为两类：一类是直接对模型文件进行修改编辑的方法，可通过 IFC 标准文件编辑直接修改模型属性，也可通过参数化建模快速生成对应实体，实现监测信息可视化；另一类是在模型渲染的过程中将对应属性直接表达的方法，例如在图形引擎渲染模型过程中直接反馈监测信息。

（四）与新兴技术的集成创新

BIM 技术是 BIM 监测信息管理的核心，其数字化特性为整个体系提供的高度开放性，使 BIM 监测信息管理能够与其他具备数字化特性的信息技术高度兼容，是 BIM 监测信息管理的关键优势。

BIM 监测信息管理在监测信息采集方面可通过与无线传感器网络、点云扫描、倾斜摄影等先进信息采集技术的集成创新，在提高工作效率与数据质量方面取得显著成效。

数字化的 BIM 模型通过简单编辑与处理可导入专业分析软件，如 ANSYS、Abaqus，省去信息的重复输入。在此基础上，BIM 监测信息管理可将 CAE 软件作为系统内的分析模块，以软件模拟工况，计算与推测监测数据指标，为监测数据设定参照指标；同时也能以软件分析监测数据，对相关参数指标的发展趋势进行推导与估测。BIM 监测信息管理也能通过整合 GIS 等信息工具，通过功能互补，实现能力扩展。

在 BIM 技术快速推广的当下，BIM 监测信息管理作为 BIM 在工程实践阶段应用的关键部分，受到越来越多的关注。但案例分析发现，各项目在实际应用过程中，采用的技术方案及实现的应用效果有较大差异，尚未形成完整标准，整体而言，BIM 监测信息管理目前仍处于探索阶段。在案例分析基础上，总结了实现 BIM 监测信息管理的四要素，为 BIM 监测信息管理实现的基础，也是其进一步发展的方向。相信随着相关技术与理论发展，BIM 监测信息管理逐渐将形成统一标准，其内容与方法将不断丰富，将渐逐成为工程信息化管理的重要跳板。

第二章　信息管理技术基础

第一节　信息技术概述

从一般逻辑上来分析，信息技术哲学的话题提出，主要是"从传统哲学角度去关注现代化信息技术"与"物理信息技术领域寻找哲学一般解释"的双向合力。从信息技术哲学的是论、存在论、要素论、问题域、前沿性等几个领域展开具体的论述，并就相关的基础性问题、前沿性话题进行了研究。

一、信息技术哲学研究的提出

（一）信息技术哲学问题的产生

当下，日新月异的"信息技术体"不断倾向于大众化、智能化、数据化以及便捷化，生活在其中的每一个人无时无刻不有一种"切身之感"，很多过去不敢想象的事情正在虚拟现实以及物理现实中不断涌现，与此同时，一些传统社会中无法想象的具体困惑，也正在累积起来形成一种"信息气候"。然而，时刻出现的信息技术现象并不代表信息技术时刻都能解决人类社会的具体问题，甚至不断演变出来的新的信息技术还时刻制造着人类无法预料的新问题。比如，在信息网络社会到来之前，大多数社会群体主要是生活在一个与现实交融的环境中，人类的困惑也主要来源于客观实在以及现实世界中的经验、感知和诠释等方面。伴随着人类进入信息技术时代，与之前不同的是，在物质世界与精神世界之间又出现了一个极强的"中间新实在"，这里的新实在不同于物质实在，也不同于精神存在，可以称得上一种"双不同"，这种"双不同"一方面更有力地解释着传统社会遗留下来的旧问题，另一方面也不知不觉地延伸出了诸多新问题。诸如，信息技术劳动（虚拟劳动）是否创造着信息人本身；信息需要是否已成为当代人的基本生活需要；信息关系是不是当下人类社会关系总和的特殊组成部分；信息自由是不是人类自由发展的一种新实现等。就这样，信息技术硬生生地将人类的集体注意力转移到了一种全方位的灵活的异乎寻常的社会语境当中。

（二）信息技术哲学是两种趋势的结合

在理论来源问题的探究上，信息技术哲学存在于两种视界。

第一种是信息技术的哲学视角解读。通俗理解为"信息技术进入哲学视界"，实际上这是"信息""信息技术""信息技术哲学"的逐步跨越、深度渗透，属于信息技术的再加工、深加工，体现着"哲学"在信息技术领域的重要性，也反映出哲学问题在信息技术领域的矛盾性增强。自此，人们不得不改变先前的一切思考节奏，逐步在认识领域抬升了"介于主体与客体之间的中间地带"的地位，"信息技术"这一存在在特点上更为宽广、更为独特，正是在这种新的"解释学装置"下，一些关于人的问题与一些关于世界的问题才得以更加恰当的解释，还有人大声地疾呼："世界就是一台电脑。"

第二种是传统哲学理论的信息技术视角介入。通俗可以理解为"哲学慢慢转换到信息技术频道"，实际上就是"哲学""人文哲学""技术哲学""信息技术哲学"的哲学时代特征演变，这体现出信息技术在哲学领域的重要性提高。之所以从哲学角度去关注信息技术，是因为哲学必须面向具体的时代，尤其是时代最前沿——在当今时代来看，这是一个在"最有决定意义层面"，信息技术重塑社会物质基础，进而建构出崭新社会结构、社会性质甚至人性观、宇宙观、思维与人的潜能等诸多领域的集合体。与"信息技术改变社会"的同时，这也是一个"信息技术改变思维、认知与哲学"的具体时代。可以将其称之为信息时代、信息世界、信息社会、信息文明等。

综合来看，信息技术哲学就是"信息技术"与"哲学"两个核心组成要素的相互渗透、深度融合、交叉影响，并在此基础上相互建构的一种产物——我们也可以将其理解为"信息技术哲学化"或者"哲学信息技术化"，这既是对信息技术的哲学反思，也是哲学之花在信息时代的新绽放。

二、信息技术哲学的内容理解

信息技术哲学的内容丰富，既包含悬而未决的传统哲学内容，又增加了很多信息技术领域的"信息技术专业性的"哲学内容，要理解信息技术并在此基础上实现深度把握其内容，还需要从多个方面去展开论述，至少有几个方面是不可绕过的：其一是信息技术哲学是什么？也就是信息技术哲学是论。信息技术哲学过去是什么？现在是什么？将来又会是什么？什么是信息技术哲学之"是"；其二是信息技术哲学如何存在？也就是信息技术哲学存在论。信息技术哲学是什么样子的存在；其三是信息技术哲学主要包含哪些方面？也就是信息技术哲学分支组成论；其四是信息技术哲学遇到了哪些具体的特殊的时代问题；其五，信息技术哲学的未来趋势怎样等。通过上述几个方面的内容理解，人们才有可能初步了解信息技术哲学的大致内容。

（一）信息技术哲学中的是论

信息技术哲学中的是论，也是一个极其复杂的具体问题，主要涉及以下几个方面：一是文字上的信息技术是论与内容上的信息技术是论；比如，有学者提出的"计算机技术哲学""网络技术哲学""通信技术哲学""数字技术哲学""媒介技术哲学""虚拟技术哲学"以及"智能技术哲学"都可以理解为信息技术哲学的主要方面，究竟其中在内容上又有什么差异呢？二是日常生活中的信息技术是论与研究领域的信息技术是论。生活中的信息技术主要强调信息技术的外部现象特征观察，研究领域的信息技术主要是一种思辨性存在。三是不同历史时代语境下的信息技术是论也应该是不同的，现在信息技术演变如此迅速，即便是同一个名词指示下的信息技术在不同社会发展阶段其内容也是存在差异的；四是客观信息技术哲学是论与主观信息技术哲学是论。不同的专业在不同的理解思路下，学者们对信息技术哲学的概念理解也会不同。比如，"信息技术哲学是论"源于"信息技术是论"，"信息技术是论"又源于"信息是论"，信息是一个复杂的概念，有信息之状态属性说、信息之相互作用说、信息之意义说、信息之间接显示说，笔者注重从意义层面去理解信息技术。

（二）信息技术哲学中的存在论

信息技术哲学中的是论是一个侧重于思辨的领域，相对比而言，信息技术哲学中的存在论则是一个侧重于现象解读的领域。信息技术哲学虽然在字面关键词上是"信息技术"，但是这里的"信息技术"并不是一个孤立的存在，它更是一种比较难掌握的"多棱镜存在"。倘若站在不同的角度去观察信息技术，就会得出不一样的信息技术存在论。假如在观察信息技术时，侧重于将其理解为一种生活中常见的器具，那么信息技术哲学中的存在论主要是在强调信息技术是一种特殊的人工物，凸显出其外在性、技术演变性、系统性特征；假如在观察信息技术时，侧重于将其理解为一种人体不可分割的组成部分，那么在这里，信息技术哲学中的存在论主要是强调一种信息技术与人体延伸的高度融合，信息技术便成了人意识活动的外部显示；假如在观察信息技术时，侧重于将其看作是一种"社会功能化的具体产物"，那么在这里，信息技术哲学中的存在论主要是强调一种主客体社会关系的具体效应，信息技术也就成了人人对话的纽带；假如在观察信息技术时，侧重于将其看作是一种特殊的物质技术，那么在这里，信息技术哲学中的存在论主要是强调信息技术区别于一般物理技术的显著特征。相对于传统技术，信息技术在其演变过程中既有"增强的一面"——知识、软件、非实体因素方面，也有不断"退场的一面"——主体的独立性、客体的神秘性，二元的对立性等。

（三）信息技术哲学中的要素论

从要素组成部分等方面去分析信息技术哲学，可以将其理解为信息技术哲学体系建设中的框架搭建、过程梳理。倘若将信息技术看作是一个独立的整体组成，然后将其与哲学的具体组成实现一一对应，信息技术哲学也就可以划分为信息技术"本体论"、信息技术"形而上意义"（metaphysics）、信息技术"认识论"（episteology）以及信息技术"社会历史哲学"、信息技术"人本论"等；倘若将哲学看作是一个独立的整体组成，然后将其与信息技术的具体组成实现一一对应，信息技术哲学也就可以划分为"信息收集技术哲学""信息处理技术哲学""信息存储技术哲学""信息恢复技术哲学"等；倘若将哲学作为一个独立的整体组成，然后将其与信息技术相关社会现象一一对应，信息技术哲学又可以划分为虚拟哲学、智能哲学、共享哲学、大数据哲学、智慧哲学等。

（四）信息技术哲学中的问题论

信息技术哲学中的问题论，存在着两种趋势。首先，用哲学去解读不断变化的信息技术问题。"信息技术哲学"吸引着全世界诸多学者在此领域不断投入并产出，比如，美国著名学者拜纳姆将信息技术比喻为"数字凤凰"，学者米切姆还介入了"信息技术伦理、信息技术心理、信息技术本体"等信息技术更深层的分类研究，也有学者从研究的深度与广度预测，信息技术哲学之光必将会照向一切传统哲学问题之上。至此，信息技术就不仅仅是一笔"物质技术财富"了，它更是一笔"哲学技术财富"。源于此，一些诸如"信息技术民主""信息技术平等""信息技术鸿沟""信息技术隐私"等具体实践问题的哲学反思也是逐步得到了涉及。由此来看，信息技术哲学不是主观臆造的产物，而是一种哲学、技术哲学具体分支的时代产物，是对时代问题的积极回应、深度汇总，是对信息技术相关的本体分析、认识理解、实践指南和人的问题的把握。抑或讲主要包含着信息技术语境下的世界是什么样子，如何把握，信息技术的世界本源是什么，信息技术世界如何存在，信息技术世界怎样实在以及信息技术世界引发哪些具体的哲学问题等方面。其次，是用信息技术去解读不断变化的哲学问题。冷静下来分析，信息技术究竟能够给哲学带来什么改变？这也是信息技术哲学需要去思考的问题。哲学一向是以根本性、探究性而著称，日新月异的丰富多彩的信息技术是否真正触及人的根本性问题，是否在意人的根本性生活等方面都是值得去思考的。梳理发现，究竟哲学固守的阵地是否可以理解为以下方面：世界的本源本质探寻、世界的存在状态、人类实践认识、人的本质组成与实现等，如何有效地将这些根本性问题对接信息技术；与此同时，信息技术自身所涵盖的虚拟、智能、共享等具体表现在解决人的生理与心理需要的同时，是否也能得到一种哲学性的回应。

（五）前沿信息技术的哲学反思

信息技术是不断变化的，关于信息技术的哲学思考也是永远在路上，深度把握当前最前沿的信息技术哲学话题，将有助于人们从深层次去把握信息技术哲学的核心内涵、现代特征以及未来趋势。①物联网技术哲学。物联网是信息技术在新时代的新发展，强调信息技术语境下的物品互联，旨在满足人的物品需要。这种借助 RFID、GPS、感应器、大数据等系统管理的实物互联，是一种人类新的存在方式吗？又是不是物质世界与精神世界的一种新融合呢？人是解放了？还是一种人的新异化呢？②心联网技术哲学。现代人逐步实现了在脑影像、思维识别、脑电反应等技术方面的突破，这就好比是技术读心术的一种网络进展，未来将人的思想投放在荧幕上，人们又应该如何认知物质与精神的区别呢？③人工情感技术哲学。无所不能的信息技术发达的现代社会，是否会出现一种"信息情感"，去弥补人的自然情感不足呢？情感识别、情感生产、情感量化等能否成为一种客观实在呢？在信息技术语境下，人类是更加掌握了情感的本质，还是会陷入一种情感困扰当中呢？④超人技术哲学。人类社会的活动概括起来无非可以分为两大类——趋利避害，传统社会主要是在"避害"的圈圈里面打转，信息技术的出现，则促使着"趋利"被提上了人类社会日程，那就是信息技术在辅助人的同时，人们逐步实现了自身能力的全面提升，在可预见的未来，人类是否会进入这样的一种情景中，超人是否可能？超人是不是方向？

信息技术哲学是一个富矿，信息技术哲学领域的研究氛围至今依然是一种问题为主、体系建构为辅。在不断介入其中的探究中，信息技术的迅速变化虽然促使自身还处于一种"摇摆"状态当中，但是依然能明显地感觉到信息技术对于世界观与方法论的冲击。同时，人类也需要哲学的否定性力量去深度把握信息技术现象的层出不穷。

第二节　新兴信息技术的介绍

信息管理与信息系统专业旨在培养具备系统思维、信息技术和管理科学的知识结构，并拥有利用信息技术解决管理问题能力的复合型人才。作为学科基础之一，迅速发展的新兴信息技术无疑会对信息管理与信息系统专业人才培养产生影响。特别是近几年，大数据、物联网、移动互联网和云计算等新兴信息技术的出现，给我国实现跨越式发展，我国企业实现转型升级，带来了前所未有的机遇，这对信息管理与信息系统专业的人才培养提供了巨大的市场需求，也提出了更高的要求。

一、大数据的影响

大数据（Big Data），指无法在一定时间范围内用常规软件工具进行捕捉、管理和处理的数据集合，是需要新处理模式才能具有更强的决策力、洞察发现力和流程优化能力的海量、高增长率和多样化的信息资产。大数据具有 4V 特点，即 Volume（大量）、Velocity（高速）、Variety（多样）和 Value（低价值密度）。

大数据的兴起，一方面让企业认识到数据已经成为重要的战略资源，数据管理能力将成为企业核心竞争力，直接影响企业的绩效。因此，企业将需要大量懂得大数据理论，掌握大数据技术，能够熟练操作大数据工具，进行大数据实践的专业人才。另一方面，也对信息管理与信息系统专业的人才培养提出了更高的要求。大数据要求学生掌握计算机、机器学习、统计学、数据挖掘等方面的知识、方法和工具。还要求能够应用上述知识，解决具体的应用问题，比如医学、营销、疾病预测、犯罪预测等，对学生知识结构的复合型程度要求更高。单纯地依靠现有的信息管理与信息系统的师资队伍，很难开设针对大数据分析的本科项目，需要整合管理、计算机和统计等方面的师资力量。可以预见，在不久的将来，大数据分析或者商务分析可能作为一个独立的本科专业开设，国内已经有高校进行了这方面的尝试，比如哈尔滨工业大学。

二、物联网的影响

物联网（Internet of Things，IoT）是物物相连的互联网。在物联网应用过程中，传感器技术、RFID 标签和嵌入式系统的应用，使得信息系统的智能性增加，既能够了解对象的状态，如智能卡上的余额、二维码中包含的网址和名称等，也能实现对象的智能控制，如根据车辆的流量自动调整红绿灯的设置。基于物联网的信息系统智能性也给信息管理与信息系统的人才培养带来了挑战，主要表现在：

第一，在技术方面，要求学生掌握传感器技术、FRIF 标签和嵌入式系统等物联网关键技术，才能够深入了解物联网技术本身，也才能实现物联网技术的落地应用。

第二，在数据的获取方面，原有的信息管理与信息系统专业虽然也包括了一些自动化的数据录入设备，但更多的是手工录入或者从其他系统中的数据导入，而物联网的应用可以使得信息系统从数据产生的源头直接获取数据，这就要求系统分析和设计员掌握这些物联设备的数据产生过程，包括数据量、数据格式和数据存取方式等。

第三，在物联设备的控制方面，对物联设备的智能化控制提出了要求。原有的信息管理与信息系统更加强调的是管理信息系统的分析、设计和开发，以及系统运行过程中的数据管理，很少涉及对物联设备的智能化控制。在物联网应用过程中，不但要求对信息系统的管理，还要懂得对物联设备的控制。

第四，对安全意识和安全管理方面的要求。在物联网中，射频识别技术是一种很重要的技术。在射频识别系统中，标签有可能预先被嵌入任何物品中，比如人们的日常生活物品中，但由于该物品（比如衣物）的拥有者，不一定能够觉察该物品预先已嵌入有电子标签以及自身可能不受控制地被扫描、定位和追踪，这势必会使个人的隐私问题受到侵犯。因此，如何确保标签物的拥有者个人隐私不受侵犯便成为射频识别技术以至物联网推广的关键问题。而且，这不仅仅是一个技术问题，还涉及政治和法律问题。

三、移动互联网的影响

移动互联网（Mobile Internet，MI）是一种通过智能移动终端，采用移动无线通信方式获取业务和服务的新兴业务，包含终端、软件和应用三个层面。随着智能手机和移动通信网络的快速发展和普及型应用，人类的学习、工作和生活从 PC 端逐渐转向了移动端。移动互联网对信息管理与信息系统人才培养的影响主要表现在：

第一，信息系统评价标准方面。原有的信息系统开发更多的是关注算法的性能，包括时间复杂度和空间复杂度，也强调系统的易用性等，而移动互联网时代的信息系统更加强调用户体验，因此在系统分析、设计和开发过程中，紧紧围绕用户体验这一核心目标展开。

第二，开发技术方面的影响。信息管理与信息系统专业现在更多的是讲授在 PC 终端，进行信息系统的分析、设计和开发，信息系统运行的系统软件主要是 Windows、Linux、Unix 等。而在移动互联网时代，系统软件主要是 Android、IOS、Window Mobile 等平台，要求学生能够在这些移动平台下，掌握信息系统分析、设计和开发的知识和技能。

第三，人机交互方面的影响。传统 PC 端环境下，信息系统有比较大的显示空间，因此人机交互设计的要求较低。而在移动终端环境下，信息系统的显示空间非常有限，如何在优先的屏幕上，更好地实现人机交互，是信息系统分析、设计和开发的一个重要目标，这也在很大程度上决定了信息系统上线后，用户对信息系统的接受程度。

四、云计算的影响

云计算是一种新兴的信息计算服务模式，具备按需自助服务、资源池化、快速伸缩、按使用量收费的服务、广泛的网络访问等特征。云计算包括三种服务模式，分别是基础设施即服务（IaaS）、平台即服务（PaaS）和软件即服务（SaaS），按照部署模式，云计算包括公共云、私有云和混合云。云计算对信息管理与信息系统人才培养的影响表现在：

第一，信息技术硬技能的弱化。随着云计算服务的逐渐成熟，云计算市场的专业化和集中度将大大加强，信息技术基础设施、开发平台和软件将由若干大的专业化公司提供，企业只要按照自身需求进行服务选择，而不需要进行大量的系统分析、设计和开发工作，信息管理与信息系统学生也将更少地参与到这些工作中。

第二，信息技术管理能力的强化。虽然云计算的应用将会弱化信息管理与信息系统学生的信息技术硬技能，但是会增加信息技术管理能力方面的要求。一方面要求学生了解市场上主要云计算提供商及服务的主要特点，在明确企业实际需求的基础上，选择合适的云计算提供商及服务；另一方面，需要能够管理与云计算服务提供商的关系，确保云计算服务的质量。这些管理能力都是现有信息管理与信息系统教学过程中没有涉及的。

第三，安全管理能力的要求大大提高。云计算环境是一个开放、动态、灵活的共享计算环境，可以支持用户在内部以按需、易扩展的方式获得所需资源和服务，大大降低了信息系统建设及运维成本。在为企业用户带来灵活便利的云服务的同时，由于企业用户需要将原本运行于本地的信息系统、业务数据等迁移到多租户共享的复杂云环境中，给基于云的企业数据与信息系统安全性、可靠性提出了新的要求；此外，由于数据与计算资源的高度集中，云环境遭受攻击的风险以及遭受攻击后面临的损失也较以往成倍增加，对安全管理的策略与体系的要求也将更高。

第三节　信息采集、通信、处理技术

一、信息采集技术

网络信息资源极为丰富，概述起来有以下几个特点：一是数字化、网络化、虚拟化：网络资源以存储方式数字化、传播方式网络化、形态结构虚拟化的方式在网上表现出来。二是内容多样性：网络资源包罗万象，具有大数量、多类型、非规范、跨时空、内容良莠不齐、质量高低不等的特点。三是资源分布无序性：网络资源的构成和分布杂乱无章，缺乏统一的结构和组织。四是资源开放性：网上资源是开放的、相关联的，用户只要将计算机连接在网络上，就可以任意浏览并下载这些网络资源。五是动态性：网上资源跨地区分布，高速传播，更新淘汰周期短、变化快、不稳定，呈高度动态性和很强的时效性。六是互动性：在网上可以形成广泛的论坛氛围，专家可以就某一专题开设电子论坛，在网上直接交流讨论、反馈用户信息，具有很强的互动功能。七是增值性：网上信息资源开发与建设的最终目的是服务。用户在网上利用各种手段查找所需的信息内容，在这一过程中信息被反复利用，不但不会导致网上信息资源损耗，反而可使信息增值。

（一）网络信息采集简述

1. 采集方式

在现在的互联网世界里，我们接触最多的网络信息是以 Web 页面形式存在的。另外，电子邮件、FTP、BBS、电子论坛、新闻组也是互联网上获取信息的常见渠道。我们通常利用一些客户端软件手工链接到信息源去获取信息。例如，在 win7 平台上用户即可运用 ie、谷歌、搜狗、有道、360 等各类浏览器上网浏览所需的网页内容；运用搜狐邮箱、QQ 邮箱、Outlook 等收发邮件；运用迅雷等软件下载软件、电影、歌曲等。上述客户端或软件为用户上网或下载提供了方便，但均需通过手工输入链接以获取到所需的信息，但是当今网络信息爆炸，大量信息汇聚在一起，单纯依靠手工输入的方式无形中增加了搜索的工作量和难度，难以满足用户的需求。因此，基于上述情况，信息采集与推送技术应运而生，为用户浏览信息和接收信息提供了极大便利。

2. 采集技术

在网络信息时代，短时间内获取大量信息的最有效方式就是信息采集，尤其是在创建新站点的过程中信息采集是最常用的方式。运用采集软件或采集器即可从特定的采集对象中自动获取到所需的信息，以填充到新站点之中。网络搜索引擎也是通过一个叫作 WebCrawler 的机器人程序负责网络信息的采集工作的。WebCrawler 是一种能够利用 Web 文档内的超链接递归地访问新文档的程序，它以一个或一组 URL 为浏览起点，对相应的

WWW 文档进行访问。当一个文档上传到服务器之后即有可能被搜索引擎抓取以创建文档索引，该文档中蕴含的超链接则会被 WebCrawler 再次抓取且再次创建新的文档索引，如此循环。一方面，为 WebCrawler 的抓取工作提供了海量的资源；另一方面，丰富了网民的网络世界，实现了信息的快速流通。这种信息采集方式集合了定题收集与定向收集以及跟踪收集等方式，具有采集灵活与方便的特性。

3. 推送技术

网络公司根据自身的需求运用相应的网络技术并设定标准，从海量的网络信息世界中采集所需的信息，经过加工处理之后再传递给用户。在该模式下，用户没有主动获取信息之权而且被动地接受网络公司提供的信息，但却节省了自身搜集信息的时间与成本。

（二）网络信息采集技术类型

1. 网络信息挖掘技术

网络信息挖掘技术是指在主题样本的基础上，得到数据间的内在特征，并以此为依据在网络中挖掘与用户需求一致的信息的技术。它是数据挖掘技术在网络中的应用，整合了全文检索、人工智能、模式识别、神经网络等技术。网络信息挖掘根据用户提供的主题，提取主题特征信息，根据主题特征自动在网络中挖掘信息，然后对挖掘到的信息进行整理，导入信息库，以备过滤之用。

2. 网络信息抽取技术

网络信息抽取技术是指从网络自然语言文本中抽取更符合采集主题的信息，并形成结构化数据输出的技术。它是在机器学习、模式挖掘、自然语言处理等技术基础之上发展起来的一项新技术。网络信息抽取步骤主要分为命名实体识别、句法分析、篇章分析与理解以及知识获取。①命名实体识别。命名实体是文本中的基本信息元素，是正确理解文本的基础。命名实体是现实世界中的具体或抽象实体，例如通常由唯一标识符（专有名称）表示，例如姓名，组织名称，公司名称，地名等。②句法分析。它是计算机通过语法分析来理解自然语言的基础，例如完整的分析树或一组分析树片段。③篇章分析与理解。一般来说，用户的兴趣通常在文本的不同位置传播，文本中隐藏着很多。为了从文本中准确提取相关信息，信息提取系统必须能够识别文本和文本之间的常见现象。如果文本的来源更广泛，许多文本可能会描述相同的实体，并且不同文本之间将存在语义歧义。如果同一个词有不同的含义，不同的词意味着一个意思。为了避免重复信息，冲突，信息提取系统需要识别和处理能力参考现象。④知识获取。作为一种自然语言处理系统，网络信息抽取技术需要知识库的支撑。知识库主要包括词典、抽取模式库、篇章分析和推理规则库等。

（三）网络信息采集过程中的质量控制

1. 网络信息内容的选择

由于当今网络站点数以万计而且每日处于增长之中，信息每日俱增，大量内容相似乃至重复的内容充斥其中，对于用普通用户而言难以控制信息的重叠，只能被动地接受。尤其是在我国网络管理制度不健全的大环境下，加之搜索引擎在创建之初缺乏信息，并未对信息进行分类和筛选而是全盘接收，由此直接导致了网络信息的泛滥与内容低质化。当用户搜索过程中，搜索引擎呈现出来的是多样化且相关性不强的内容，增加了用户选择的时间和成本，不利于网络环境建设与信息采集。为此，在信息采集过程中必须制定相应的控制措施，合理选择内容，针对性进行采集。

2. 网络信息的采集策略

综合上述分析，在信息采集过程中可制定以下几点采集控制措施：其一，根据需求合理控制信息采集的深度，以节省资源和提升效率。针对网页链接层次较深的站点，全站采集不仅难度较大而且极耗时间，因此结合信息内容确定网页深度，达到一定的深度即可无须再进行采集。其二，根据采集信息的内容，剔除无关紧要或无须采集的链接。一个站点包含了大量链接，其中可能存在诸多重复链接与死链等，对于这样的链接在采集过程中应加以规避，避免占用采集资源。其三，限制搜索跳转。作为专业搜索引擎，要采集的信息资源通常集中在几个固定的初始网站内，这样就不希望网站采集器跳转到其他的网站。其四，根据采集需求，剔除无须采集的文件类型。任何一个网站均含有诸多文件类型，视频、动画、图片等而且图片又可以分为 .bmp，.jpg，.gif 诸多格式。因此，在采集过程中可根据需求设定采集条件，剔除掉无须采集的文件类型，避免其占用有限的采集资源，提升采集效率。

二、信息通信技术

随着社会经济的不断发展，互联网技术的应用领域不断延伸，其中一个极为重要的部分就是物联网领域。顾名思义，物联网就是互联网在实物界的体现，并且已逐渐成为各国发展研究的重点，众所周知，物联网技术具有广泛性和移动性，且与我国社会的健康发展有着千丝万缕的联系，因此相关部门需要对物联网发展予以足够的重视。近年来，随着信息通信技术的大面积普及，物联网有了更多更好的发展环境，其发展基础也更加坚实稳定，该文就信息通信技术在物联网中的应用做了简要介绍，希望促进物联网技术的发展。

（一）物联网

1. 物联网的概念

物联网实际上是互联网的一个发展和延伸，是在互联网或者局域网的作用下，运用一定的信息技术将控制器、传感器、实物物品和人员联系在一起，形成一种物与物、人与人以及物与人之间的智能化、信息化可控网络。它一方面涵盖了互联网中的所有技术和资源，另一方面还具有易于与实际物质兼容的特点。总体来说，物联网技术主要包含以下 3 个方面优势。首先，物联网能够对实际存在的物体信息进行控制，并且通过信息传感器能够对控制资源进行整理和组合。其次，通常情况下，在信息技术的支持下物联网能够将全部信息传输到网络终端，且在传递的过程中能够保证信息的可靠性和安全性。最后，信息数据在传递的过程中，操作人员能够在终端进行控制操作，通过这种方法物联网就能够对实际物体进行严格掌控。

2. 物联网的基本功能

物联网的基本功能是能够对物品实施实时性的连接和在线服务，举个例子，物联网最基本的功能包括5点。①在线监控，即可以对物品进行实时的、连续的监控。②定位追踪，通过传感器以及移动终端中的GPS技术得以实现。③联动报警，当系统中存在异常运行时能够自动触发报警功能进行提示。④指挥调控，即能够对事件进行科学分析并根据实际情况采用合理的方式进行指挥调控。⑤远程保护，即物联网系统能够通过一定的控制技术对设备进行远程保护，解决了过去实物出现问题必须现场维修的弊端。

3. 物联网的特点

第一，传统的信息系统能够很好地实现人与人之间的无障碍交流，使人们之间的交流不再受时间和空间的限制，而信息的传递不仅包括人与人之间的语言文字信息，还包括人与物、物与物之间的数据信息，在此背景下物联网技术应运而生，通过物联网的连接，能够使世界上的物品之间的实时连接成为可能。第二，由于大多数物品都具有私有性，也就是说大多数的物品都是私有物品，在互联网中传递的信息也都属于私有，因此物联网在进行信息传递的过程中需要有较高的安全性和隐秘性。第三，开发并运用物联网技术的主要目的是实现对物品进行远程控制，为了保证人们随时随地通过网络掌握物品的信息和状态，就必须具有安全可靠的网络支持，因此物联网还具有可靠性。

（二）物联网的实际应用

近年来，物联网在社会生产生活中发挥着不可替代的作用，各行各业的发展都已离不开物联网的支持和配合，据不完全统计，运用物联网技术最广泛的领域包括医疗卫生领域、建筑工程领域以及运输物流供应领域等。

1. 物联网在医疗卫生领域的应用

物联网在医疗卫生领域的应用主要可以从3个方面进行阐述。首先，我们不难发现，当前医院对于患者的管理已经彻底摆脱了人工手工登记阶段，患者在挂号的同时会获得一张电子医通卡，患者在医院就诊时无论是做检查、取结果还是交费用都可以使用电子医通卡获取必要信息，在省去医护人员登记记录过程的同时，也大大简化了患者治疗中的不必要流程，节省了患者的时间。另外，物联网技术的应用代替了传统人工工作，很大程度上降低了手工登记过程中出错的概率。其次，在医疗卫生领域引入物联网技术，医生在进行治疗时能够对患者的治疗历史进行充分的了解。最后，物联网技术的应用能够让医护人员第一时间了解患者身体变化情况，例如在患者手腕上佩戴含有集成医学传感器的手环，医护人员在监控室通过对传感器数据进行监控就能第一时间发现患者身体的变化，从而采取相应的急救措施。

2.物联网在建筑工程领域的应用

随着我国建筑工程事业的快速发展，物联网技术在建筑工程领域也发挥了重要作用，例如在电梯中设计的"电梯卫士"程序，就是在电梯中安放经特殊设计的传感器，当电梯在运行过程中出现停电、骤停等故障时，传感器能够及时将故障信息传递给后台技术部门，电梯技术部门根据传感器报送的故障信息第一时间进行故障处理。另外，物联网在建筑照明控制中也有较高的普及度，通过物联网的连接和统计，照明控制中心能够精确获得建筑系统中照明设备的应用情况，进而便于控制人员根据实际需求对照明系统进行宏观控制，此外，电路维修人员也可以通过物联网系统了解照明设备的使用情况，能够及时发现损坏的设备，将照明系统对人们生活产生的影响降到最低。

3.物联网在运输物流供应领域的应用

物联网技术在运输物流供应领域也发挥着极其重要的作用，在运输货物时，通常在物流中安装相应的电子标签和读写设备，远程调控人员可通过电子标签和读写设备了解流通货物的实时情况。例如国内大部分快递公司都将物联网技术融合到自身服务系统中，平台人员能够在客户有需求时，根据电子标签及时获取货物的相关信息，从根本上提升了自身的服务质量，也提升了客户的体验感。另外，在物流运输中融入物联网技术，也使内部工作人员的工作量大幅度下降，提升了工作的准确性和针对性，更有利于物流企业的长远发展。

（三）信息通信技术在物联网中的应用

1.信息通信技术在物联网中的应用方式

信息通信技术在物联网中的应用。主要包括对信息的收集、信息的交流以及信息的接收，这3个步骤构成了信息交流的整体过程。在物联网中，信息的收集、交流和接收主要依托于信息通信终端得以实施，这种方式能够在很大程度上提升信息的收集利用率。另外，由上文的分析可知，在对信息数据进行传递运输的过程中，信息传递的稳定性会对交互的质量甚至整个物联网系统产生决定性影响，因此为了更好地实现信息的有效传递还必须对网络进行必要的维护与管理。具体来说主要包括对终端客户的维护管理、对终端设备的维护管理以及对网络环境和网络使用性能的维护和管理等。在良好有效的管理下，用户信息与用户安全能够得到相应的保障，并且通过对干扰的不断排除，能够提升设备的使用效果，进而保证信息通信技术在物联网中的应用水平得到大幅度提升。

移动通信在物联网中的应用。随着现代通信技术的不断发展，移动通信技术的应用领域变得越来越广泛，在物联网体系中，移动通信技术也发挥着不可替代的作用。移动通信的主要组成部分包括可移动终端、通信网络系统以及网络安全防控系统等。在物联网系统中，移动通信终端的应用指的是将移动终端作为信息接入设备，在移动终端的作用下，通信网络将不再受到时间和空间的限制，网络当中的各个信息节点也能够得到更好的连接和利用。移动通信技术的应用方向还包括网络应用方向，借助网络物联网同样能够连接信息中的各个节点，例如，近年来在家居中被广泛应用的物联网网络系统——网络家电，指的就是将过去普通的家电通过网络技术和智能技术实现彼此之间的连接，通过手机、遥控器等通信终端实现远程控制，这种技术大大增强了人们生活体验感。值得一提的是，现有的4G网络环境已经能够基本实现数据传输的高效性和稳定性，保证了物联网的应用质量和应用水平。随着我国5G网络工程建设的不断推进，相信在不远的未来，物联网技术必然会更加稳定完善。

卫星定位系统在物联网中的应用。除了以上介绍外，物联网系统还有很多更重要的用途，例如在道路交通中的应用、在城市安全环境中的应用、在市政建设中的应用、在物流追踪管理甚至在城市监测中的应用等。这些应用都需要借助卫星定位系统的力量，例如在对物流运输情况进行实时跟踪时，借助卫星定位，通过物联网能够及时准确地查询出车辆运行状态和物流运输信息，我们在日常生活中对淘宝货物的追踪以及对外卖订单的实时跟踪都运用了物联网的这一功能。

2. 信息通信技术在物联网中的措施

信息通信技术与物联网技术在特点和功能上有较大的相似度，因此在运行中信息通信技术能够更好地提升物联网的相关性能，但也需要明确的是二者的传输对象有所不同，导致信息通信技术无法直接应用在物联网中，因此需要相关研究人员进行一定的创新和维护。对于信息通信技术来说，它能够较好地实现对数据的传输，但是却不能直接控制物品，因此为了克服这一缺陷，应该在物联网内部设置传感器，通过传感器能够及时对物品进行管理和控制。

（四）信息通信技术的应用展望

物联网技术在我国众多行业中已经得到了良好应用，实现了对物品进行智能化管理的目标，随着信息通信技术的不断发展，物联网网络的应用范围还在进一步扩大。在未来发展中，要想使物联网获得更高的普及度，还需要对市场进行统一的规范和正确的引导。同时产品研发人员还应该积极研发出能够吸引大众且恰当科学的业务产品，进而促进通信技术以及物联网的发展。

综上所述，信息通信技术与物联网有着密不可分的联系，因此为了更好地发挥物联网的积极作用，应该对信息通信技术进行一定的更新和改进，使其为人们的生产生活提供更大的便利。

三、计算机信息处理技术

随着网络技术的快速发展，计算机越来越多地被人们应用到日常生活中，因而对计算机信息处理水平提出了更高要求。运行速度、对庞大信息的处理能力和精确度成为选择计算机信息处理技术的重要参考标准。本节通过探讨计算机信息处理技术的发展及现状，阐述计算机处理技术的作用。

随着现代化进程不断加快，人们面对的数据信息越来越多，传统的信息处理方法已经难以满足社会发展的需要。随着计算机技术的不断发展，企业为了提高办公效率，不断将计算机处理技术应用于工作中。

（一）信息处理技术的变革史

1. 语言的出现和使用

为了扩大人类的交流活动范围，在日常生活和生产中，人们需要表达自己的想法，彼此之间进行信息交换，因此产生了语言。

2. 文字的发明

人类文明产生语言艺术以后，越来越多的信息需要被记录下来，因此，大约在 5 000 年前出现了文字，文字作为一种信息载体，大大促进了信息的积累。这个时期，除语言外，文字逐渐成为人类进行交流的第二种方式。

3. 印刷术的发明

随着信息的积累，传统的经验逐渐变成了知识。知识的传递需要一种介质，印刷术在北宋被我国毕昇发明出来。

4. 电报、电话、电视的使用

18 世纪 40 年代，美国人莫尔斯发明了电报；1876 年，贝尔发明了电话；1895 年，无线电诞生；1923 年，英国广播公司成为第一个广播公司。随后，聪慧的人们发现利用电磁波可以承载记录信息，人们迎来了电磁波时代。

5. 信息技术

信息技术的核心是电子计算机技术和通信技术。计算机的发展和现代通信技术的使用把人类利用信息资源的技术发展推进到了计算机通信的新时期。计算机和信息技术的结合不是简单的叠加效应，而是产生了放大效应。计算机的运用涉及生活的方方面面，包括经济、卫生、医疗、军事等各方面，且产生了巨大的应用成效。

（二）计算机信息技术的现状

计算机技术越来越多地被应用于各个方面，涉及的领域越来越广泛。在日常生活中，计算机网络技术最便利的操作即网上银行。不管我们在哪里，只要能上网，就可以在网络上进行金钱交易。在教育事业上，使用计算机多媒体教学使课堂变得更加生动有趣，学习方式更加多样化，激发了学生的学习兴趣。在医学领域，利用计算机系统的仿真技术让学生在网络平台上学习仿真解剖，各式各样的医疗设备、医学影像技术促进了医学行业的发展。在商业方面，网络化、信息化的管理模式提高了办公效率，节约了时间和成本。在政府和家庭方面，网络技术渗透到方方面面，计算机搭建起了员工之间工作沟通的桥梁。此外，政府还可以通过网络和民众进行交流反馈，通过网络向群众公开政府的各项政策。在家庭生活中，计算机的智能化水平给人们的生活带来了极大便利。

（三）计算机信息处理技术的含义

计算机信息处理技术就是集获取、输送、检测、处理、分析、使用等于一体的技术，其作用是对其所能够搜集到的各项信息进行管理和控制[1]。传感技术、通信技术、计算机技术和微电子技术是计算机信息处理技术的几个关键技术。随着计算机的不断发展，硬件和软件技术都迎来了蓬勃发展的黄金时期。在日常生活中使用计算机已经变成了一件很平常的事情，再加上尖端计算的突破，笔记本电脑的不断普及，计算机技术给人们带来了较大的便捷性，弥补了传统方法的缺陷。计算机信息处理技术的不断发展，不仅使各种事情的处理变得信息化、自动化，而且减轻了人们的劳动力负担，节省了大量时间，大大提高了员工的工作效率。

（四）计算机信息处理技术的类型

1. 信息系统技术

当前社会上的信息处理大都是通过计算机网络实现的，互联网技术正在发挥其强大的作用。所谓的信息系统技术指的是以计算机为核心，通过通信网络技术和数据库的应用实现对信息的处理。

2. 数据库技术

随着大数据时代的到来，人们每天能接收到成千上万的信息，但信息是否有效可靠并不能得到保证。利用数据库技术可以帮助人们在眼花缭乱的信息中收集到有效准确的信息。将信息进行整序是数据库技术的关键内容，它能将搜索到的有效信息进行整理，便于信息的保存和应用。

（五）计算机处理技术的作用

1. 计算机处理技术在网络安全问题中的作用

计算机网络信息处理技术是一把双刃剑，可以帮助人们解决很多问题，也可以使人们走上犯罪的道路。早在2014年，高技术网络使用者李某利用接近公安车管系统的机会，非法闯入连云港市的公安局车管系统，短时间内删除了1.4万交通违章记录，给国家造成了1 000多万元的损失，自己捞金600万元。由此看来，不管是对百姓还是机关政府来说，网络技术的安全问题不容忽视。随着互联网技术的广泛应用，网络的安全性成为一个很有争议的话题，在网络上没有什么东西可以成为秘密。在我们的日常生活中，网络可以成为一个发泄的平台，但我们更关心的是使用网络技术的同时个人信息资料是否能够得到保护。在计算机信息处理技术方面，我们应该加强信息过滤技术，拒绝未授权的访问者，防止系统被黑客恶意攻击，同时还可以采用多层防护措施，利用计算机数据的收集和反馈分析，将侵扰降到最低。

2. 计算机信息处理技术在军事上的作用

随着科技的不断发展，应用计算机信息处理技术已经成为人们生活中不可缺少的一部分。不管我们在哪里，是什么身份，都需要通过网络技术实现对工作的信息传递。网络的出现不但让生活变得更加快捷，而且减轻了人们的劳动负担，提高了工作效率，降低了生产成本，生产力得到了解放，为世界发展做出了难以估计的贡献，我们谁也不能否定计算机发展给人类生活带来的便利。

（1）信息处理技术是信息作战武器化的关键要素。使用信息化武器系统，精确打击、实体摧毁敌方指挥控制机构和系统是信息作战的主要内容。而武器装备的信息化离不开信息技术的处理，信息技术的处理，有效推进了武器装备的信息化进程，弥补了传统武器装备在精准化、智能化、远程化、隐身化等方面的不足。采用计算机信息化的武器系统，把传感装置、计算机、控制系统和战斗部队有机结合在一起，使武器系统的发射和对目标的判断、识别、精准定位和跟踪实现了自动化，大大提高了杀伤力，信息作战武器给网络系统带来了更加强大的防御能力。

（2）信息技术处理技术是开辟信息作战战场的物质基础。计算机网络作战是信息作战的关键作战行动，是在"计算机控制的空间战场"，综合利用计算机的进攻和防御手段，控制信息，削弱和摧毁敌方的计算机系统，并使得己方计算机网络得到严密防护的信息作战行动。随着信息技术的快速发展，计算机的应用越来越普遍，涉及的空间范围越来越大，开辟了新的信息作战战场，未来的胜利者将属于抢占新的信息作战战场的一方。

现代社会是网络技术高速发展的社会，网络信息的数字化处理成为个人、企业不可缺少的一部分。这种信息化不仅提高了工作效率，还能使人们做出更加准确的判断。科技的发展将在人类的生活中产生更加深远的影响。

第四节　项目管理的信息获取和信息分析——理论框架和案例分析

在许多科学研究中，研究结果是否有效与研究初始所采用信息的真实性、有效性、完整性等因素紧密相关。文章在对信息的内涵、类别和特征等概念进行分析的基础上，就如何科学地采集信息、如何对所采集的信息进行科学的鉴别、筛选、归类和整理进行探讨。并在此基础上，以一科研项目的信息收集为实例，就信息收集的原则、前期的准备、信息采集的方法等内容进行介绍，为建立科学的工程项目管理指标广义提取规则奠定基础，提供依据。

一、研究背景

科学研究的举证主要来源于与现实紧密联系的大量实证性资料和信息，因此，许多研究者在其科学研究的过程中，就常在研究之前，对研究对象进行大量的信息调查和信息获取，为确保研究结果的有效性提供依据。一般而言，调查所获得的资料和信息都是与研究对象具有一定相关性的信息表象，这些信息表象或以数字表达，或以图像描述，或以言语表述。但由于信息中总含有若干伪信息和冗信息，因此，如何确保所获取信息的真实性和如何消除信息冗余就成为对研究对象进行分析过程中必须思考和解决的一个主要问题。

研究者在获取研究对象的信息表象时，一般将会根据研究对象的特点和获取信息表象的便利性来考虑信息表象的获取方式和方法。这些方法呈现出明显的多样性，如有些信息是从研究对象的案例中获取的，有些则是通过现场调研收集的，还有些是通过文献参引得来的。很显然，不同途径得来的信息将会有不同程度的真实性和可靠性，这就必然会给研究结果的有效性带来不同程度的影响。因此，在分析和研究某一问题之前，通过何种途径、采取何种方法、如何获取真实、可靠的研究对象信息，并如何对获得的信息进行辨识就成为研究者在获取研究对象信息之前首先必须认真思考和对待的问题，这也是规范指标研究方法首先需要解决的核心问题之一。

二、项目管理的信息获取框架

（一）信息的内涵

给信息下一个非常确切的定义反而却不是很容易的。尽管如此，这并不影响人们对信息本质及其特征的认识。从信息的本质来讲，信息是客观存在的一切事物通过物质载体所发生的消息、情报、数据和信号等可传递、可交换的知识内容，是对事物运动状态、内外特性、存在方式等方面的描述，也是关于事物的运动状态和规律的表征。在这里，事物泛指一切可能的研究对象，包括外部世界的物质客体，也包括主观世界的精神现象，而运动泛指一切意义上的变化。运动状态是指事物运动在时间和空间上所呈现的过程和规律。消息是信息的外壳，信息则是消息的内核，数据则是记录信息的一种形式。

（二）信息的获取方法

信息采集的具体方法有很多种，如有调查法、试验法、搜寻法、实验法等，每种方法的所获取的信息具有不同的特点。在信息采集中应结合研究所需，确定信息采集的方法。

1. 搜寻法

搜寻法是最常用的一种方法。如研究者可以通过阅读图书、报纸、期刊、资料等方式获取信息，也可以通过复制图书、磁盘、光盘中的某些内容来获取信息，还可以下载网上查到的相关资料或图片以及通过文献检索系统获得专门的信息。

2. 调查法

调查法是一种最普遍的方法，是指信息采集者通过观察和询问，对客观实际进行深入细致的了解以获取信息的一种方法。按照调查途径的不同，调查法可分为人员访谈、现场调查、通讯调查和问卷调查。人员访谈是信息采集者与调查对象进行交谈和个别访问的一种方式。现场调查是一种直接获取信息的有效方法，在现场调查中，不仅可以获得相关人员对调查问题的直接阐述，而且还可以使调查者获得直接的感受。通讯调查是信息采集者借助信函、电话、E-mail 或网络交流等方式进行的调查。问卷调查是信息采集者将需要调查的内容设计成一种调查问卷，提出若干问题，由被调查者填写后返回，从而获得所需调查信息的一种调查方法。

3. 观察法

观察法是指信息采集者在对客观对象不加任何干预的前提下，通过视觉、知觉和听觉来获取信息的一种方法。在采用这种方法的过程中，观察者有时为了记录得更加准确、系统和完整，常借助一些仪器进行观察，如摄像机、录音机、照相机等。

4. 实验法

在自然科学研究中，有时根据研究的需要，需利用一定的仪器设备，人为地控制或模拟某些研究对象的运行过程。这种方法由于可以受到人的调控，因而在某种程度上可以排除干扰，突出主要因素，获取研究者专门所需的信息。

5. 探测法

这种方法主要是对一些资料缺乏、情况不明、无人知晓的地下管线、地下设施进行调查的方法。由于这类信息常常是通过仪器而得到的，因而也可以说是现场调查法中一种特殊的调查方式。

（三）信息辨识

信息辨识有时也被叫作信息鉴别，是对信息内容的可靠性予以认定的工作过程。这个可靠性包括信息事件本身是否真实存在、信息内容描述是否正确，信息过程的表述是否准确、信息相关数据有无遗漏和失实等情况。

一般来讲，辨识信息的方法有查证法、核实法、比较法、逻辑法和信源法。查证法是利用有关的工具书和其他相关的资料或文献来查证本信息的方法。核实法是用可靠的标准对所采集的信息进行核实的方法。比较法是用从其他渠道获得的同类信息与本信息进行比较，以验证本信息可靠程度的方法。逻辑法是通过对信息本身所提供的材料进行逻辑分析，以发现本信息中的破绽或疑点来确认本信息可靠程度的方法。信源法是根据信源的可靠度来推定信息可靠性的方法。

（四）信息筛选

信息筛选指的是在鉴别的基础上，对采集到的信息做出弃取决定的工作过程。筛选的目的一是将那些确实不真实的、无用的、重复雷同的、没有实际内容的或无用处的信息剔除掉；二是把那些真实的、与采集目标要求相关、对研究有较高参考价值的信息保留下来；三是将那些虽然暂时不确定但需要进一步调查、进一步加工的有价值信息保留下来。

在信息筛选中，最重要的一点就是要对信息的表象进行辨识，虽然表象是信息存在的外在表现，但信息表象不一定就能反映事物的本质特征。对信息进行识别常常使用评估、比较、调查等手段进行分析，通过分析其与采集目标的相关程度，将那些虽然模糊但却有价值的信息保留下来，以便下一步分析和利用。

（五）信息归类

一般来讲，调查得来的初步信息表象常常是比较杂乱的，并呈现出明显的随机性和多样性，这些随机性和多样性不仅不利于发现信息采集中存在的问题以及信息中存在的问题，而且也不利于下一步信息的分析和利用，因此，应将经过初步鉴别和筛选的信息进行分类。

在信息的初始分类中，由于研究者起初还缺乏对信息本质的深入了解，因此，对信息的分类可结合信息的特点或今后研究信息所需进行初步的类别划分，如可以采用时域分析法、功能区分法或表象分类法等，将信息按照某一特征归属到不同的类别之中，为信息的进一步研究奠定基础。

（六）信息整理

信息整理是指按照研究所需，对保留的信息进行初步分析和汇总的过程。由于信息中常常包含着一些描述研究对象基本状态的数据，这些数据对了解信息的真实性和可靠性具有一定的参考价值，因而，有必要在信息被归类的基础上，通过数理统计学原理，将不同类别信息的数量、频率、分布状态等特征进行初步的归纳。

在信息整理中，最常用的方法就是统计法，此外，还可能会由于信息管理的不同需求，对信息进行标注和引录，以便今后查找。因而，图表法、回归分析法、标注法等方法也就成为信息整理的常用方法。

三、案例分析

陕西省某一建设集团公司为了实现对工程项目的实时动态管理，欲建立一大型工程项目管理系统，除包含项目决策分析系统、项目招投标系统、信息管理系统和预警管理系统外，还欲建立一套便于项目管理者了解和掌握工程项目实施状态、及时分析和解决项目中存在问题的诊断系统。在诊断系统中，除了要对工程项目的质量、进度、费用、安全、合同等管理状况进行及时的诊断和分析外，还特别要求对工程中的资源利用效率做出分析和评价，目的就是确保各分项工程处于最佳运行状态。为顺利完成这一科研项目，实现预期目标，公司专门为此项科研工作立项并成立了校企科研小组。

在此项课题的研究中，研究组成员和有关专家一致认为，如果要建立有效诊断项目实施状态的诊断指标体系，首先就必须了解和掌握项目中可能出现的各种问题及其表象，并对各种问题的表象进行系统分析。为此，研究组结合研究所需，对工程项目中的各种问题表象进行了调研，其调研的组织方式及结果如下所述。

（一）信息获取前的准备

课题组就调查的范围、时间、内容以及每个范围由哪些人去负责调研等调研主体内容制定了详细的工作计划。

首先，就调研的范围来讲，为了使今后研究出的诊断系统满足本公司的管理需求，并与本公司管理状况实际相一致，调研范围确定在本公司所属的第一、第二、第三、第四建筑分公司和房地产公司、设备分公司、地基分公司、建筑装饰公司八家单位。

其次，就调查的主要内容来讲，为了在调查中尽可能地收集和获取到与此项研究紧密相关的所需信息和数据以及相关资料，调查的内容包含了以下几个方面但不限于此：

（1）在项目的各个阶段常有哪些不正常状态、异常表象或影响项目正常实施的因素以及这些因素的重要程度。

（2）目前分析和判断工程项目实施状态的方法有哪些。

（3）现行工程项目管理中的主要管理指标有哪些。

（4）目前评价工程项目管理效果的方法存在哪些不足或缺陷。

（5）在目前的工程项目管理中，有哪些能够有效管理和控制项目实施状态的手段或方法。

（6）用哪些指标可以有效分析和判断项目是否处于正常状态。

（7）在判断工程项目是否处于正常状态方面被调查者有哪些实践经验或体会。

（8）对此项研究的相关建议等。

此次调查的对象主要以从事建筑工程项目管理的工程项目经理、现场管理人员、承包商和监理人员为主。之所以如此，主要是因为这些人员是工程项目的主要责任人，与项目中其他参与者相比，他们更关注项目是否处于正常状态，也有着更多的实践经历和经验。另一原因是我国目前的项目管理水平存在着很大的差异，不同层次的项目管理人员对项目中发生的问题有着不同程度的认识，而他们对项目发生的问题有着更为直接的利害关系，因而也就有着更为深刻的体会。

（二）信息获取的方法

在此项研究中，确定了以现场实际调研和人员访谈为主、以相关文献检索和工程资料查阅为辅的综合调查方法。这主要是考虑到，在研究具有较强实践性的工程类实证性问题时，仅仅依靠文献检索而得到的信息已被研究者注入了过多的主观意识，不可能完全真实地再现和描述出工程的实际状态，与工程实际有较大差异，可能会给研究结果的有效性带来不利影响，甚至有时会使研究结果偏倚。

（三）信息获取结果的初步分析

按照以上调查前所确定的方法，研究组分组分人分别在该集团公司的八家下属单位进行了实地调查和信息采集。在调查和信息采集中，共发出调查表 191 份。调查结束后，收回调查表 178 份，未收回的调查表 13 份。对收回的 178 份调查表进行逐份检查后，合格表有 171 份，不合格表有 7 份。因此，此次调查后调查表的收回率为 93.19%，收回表的合格率 96.06%。

（四）信息表象谱的建立

在对调查结果进行初步汇总之后可知，在建筑工程项目中，较为普遍的且具有较强共性的问题表象共计 261 项。在将这 261 项经过辨识、筛选并进行同类项合并和整理后，依照问题表象所反映的问题类别进行了类别划分，并初步建立了其表象谱。以项目资源类（人力、资金、材料、设备、工具、能源、技术服务及其管理等）的问题表象谱为例，其语言表象谱和各表象在这 171 份调查样本中所出现的频次而得出的频率谱如下表所示。

四、研究结论

在许多科学研究中，研究结果是否有效将与其研究初始所采用信息是否真实性、是否完整性和是否真实反映了研究对象的本质等因素紧密相关，为此，许多研究者在研究中尽可能地获取大量的实证信息，并以之为依据进行研究。而如何使信息在其真实性、有效性和完整性方面得到有效的保障却没有引起很多研究者的足够重视。针对这一问题，本节在对信息的内涵、类别和特征等概念进行泛性分析的基础上，就如何科学地采集信息、如何对所采集的信息进行科学的鉴别、筛选、归类和整理进行了探讨。并在此基础上，以一科研项目的信息收集为实例，就信息收集的原则、前期的准备、信息采集的方法等内容进行了介绍，为建立科学的工程项目管理指标广义提取规则奠定基础，提供依据。

第三章　信息管理模式研究

第一节　工程项目信息管理模式

随着我国经济快速的发展，在现代工程项目管理中如何做好项目的信息管理成为工程建设者最关心的问题。因为建设工程离不开信息系统的支撑，也离不开高效率的信息管理体系建设，只有将工程建设的各方面信息进行详细的收集，才能为工程监理层和决策层提供信息参考，方便其做出正确的工程决策。鉴于此，本节就现代工程的信息管理模式展开详细的探讨，并提出相应思路，以供广大读者借鉴。

一、工程项目中的信息

建设工程的信息管理是综合性、控制性的信息管理体系，它既设计到建设工程多个部门、多个环节、多个步骤的信息收集，也涉及施工管理中信息的参考与决策，需要工程管理者依据工程实施规划来分环节、分步骤的建设工程信息搜集体系，以满足工程管理中的信息搜集与决策。当然，建设工程的信息是多元化、多种类的，它既包括工程各部门的书面文件，也包括各个工程单位之间的电话往来和决策传达，按照现代信息的分类方法可分为语音信息、纸质文本节档信息、电子信息、图形信息和技术信息。一般而言，语音信息包括上层组织者向下层工程管理者及施工者口头传达的信息决策，以及工程谈判、检查、情况汇报中涉及的口头语言。纸质文档文件信息，主要包括为上下级施工组织单位相互传递的合同、文件及书面指示等。而电子信息主要为相互以电子设备往来的电子邮件及各种工程信息数据。至于技术信息则包括建设工程所需用到的施工技术及各种技术报告等。整体性的工程信息管理要按照工程建设的需求，以高效的信息管理作为直接目的，对以上各种涉及工程建设的信息进行搜集，统一信息载体，可凭借电子计算机或纸质档案进行工程信息存档，方便管理层和决策者及时查询。

二、工程项目的信息分类

进行工程信息管理的首要措施就是要对各种工程建设信息进行有效的分类，因为细化的信息分类既是工程建设档案保存的基础，也是决策层进行工程建设决策的有效参考。按照一般建设工程的信息分类思路来看，工程建设信息可分为投资控制信息、进度控制信息、质量控制信息和合同管理信息。

（一）投资控制信息

投资控制信息一般指与工程投资直接有联系的各种信息，包括工程预算、各项评估数据、工程造价、已完成工程量等。这些信息数据主要和直接的工程投资及资金运转情况有关，属于直接性的工程投资信息数据。

（二）质量控制信息

质量控制信息一般都是与建设工程直接相关的信息，既包括地方性和国家性的政策与工程建设管理条例、法律法规，也包含着工程建设标准和相关性的法律条文。一般而言，工程建设标准体系与监督体系是质量控制信息的重点环节，它既影响着工程建设的进度，也影响着工程质量的验收，所以质量控制信息要以工程建设标准作为严格的建设参考依据，在满足工程建设标准的前提下实现严格的质量控制。

（三）进度控制信息

工程项目的进度控制信息是指与工程规划直接相关或间接相关的信息，既包括每个时间任务节点的工程信息数据，也包括与工程定期规划直接相关的信息数据。例如，施工定额、项目总进度计划、总体工程规划等。进度控制信息是进度计划的重要组成部分，是工程决策层进行工程建设决策的有效依据，一般情况下工程项目部会在施工进度的控制环节中建立完善的工程进度监督机制，以此来有效地搜集工程任务信息，确保工程如期交付。

（四）合同管理信息

合同管理信息是与建设工程直接联系的各种书面合同文件，如工程招标文件、工程建设承包合同、物资设备供应合同等，主要以工程的书面文件作为直接的信息数据依托，对工程的各项环节进行有效的管理和监督，按照相应的合同规定履行施工责任。

四、工程项目信息管理方法

（一）加强信息化管理体系建设

工程项目的信息管理就要促进工程项目的信息化建设，首先就应该确定管理理念的信息化，以现代建设工程管理理论、管理模式的发展和完善为内在动力，应重视建设工程理论对信息化的支撑和渗透作用，缺乏现代建设工程管理理论管理的信息化只能是原有手工工作流程的模拟，作用十分有限。因此，做好建设工程的信息管理就应该以现代的信息化管理理论为指导，加强工程项目的信息化系统建设，以信息化系统作为信息收集、分析、参考的主要途径，结合现代的管理理念，建立统一的工程项目信息管理模式，完善内在信息的收集和外在信息管理体系的建立，运用计算机系统，加强信息的监督与控制，促进工程施工工作高效率的开展。

（二）实施数据精确化管理

工程项目的信息管理要以管理数据的信息化实现精确管理，以流程的信息化实现，规范业务处理，以协同决策的信息化改善组织运营，从而提高工程管理的效率和有效性，使得工程增值，并最终让工程项目管理信息化的实施主体得到收益。只有这样，实施主体才有动力去推动内在的信息化进程，根据工程项目的需求，建立完善的信息化管理机制，保证工程各方面的信息收集和信息数据的有效性，促进工程监督机制和监理机制的有效运转。

（三）完善人员管理制度

工程项目的信息管理要以完善人员制度管理作为主要依托，通过安排专业性人才来加强自身体制建设，促进人员制度的完善。因为人员制度管理是工程信息管理的重要基础，只有确保人员制度的完善才能推进建设工程信息监督机制和信息搜集机制的有效进行，要突出信息管理人员的作用和地位，着重于工程信息的收集、分析和整理，为工程决策层提供有效的信息参考，便于工程决策层做出合理的工程施工决策。

建设工程的信息化管理一方面要对工程信息进行有效的分类，通过建立完善的信息化管理制度来提升信息管理效率，同时要完善人员制度的建设，要以人员的作为信息管理实施的主体，加大信息管理执行力度，确保工程如期交付。

第二节　BIM 工程项目信息管理模式

当前，BIM 技术被应用到建筑工程项目信息管理当中，并日益发挥越来越重要的作用。该文中，笔者首先对 BIM 的可视化、协同性、模拟性等技术特点进行了阐述，进而分析了如何基于 BIM 技术对工程项目信息管理模式进行构建，具有一定的理论及实践指导价值。

随着社会科技发展，我国信息科技已经引起了各行各业的深刻变革，促进了各产业发展与创新。BIM 技术也被应用到了建筑工程项目信息管理当中，并日益发挥着越来越重要的作用，在很大程度上提高了信息的处理、分析、整合和共享能力，提升了项目管理质量。因此，笔者认为有必要对 BIM 技术在工程项目信息管理中的应用进行分析，以期优化工程项目信息管理方案。

一、BIM 的技术特点分析

（一）可视化

传统的建筑工程在施工前往往会设计出平面化的施工图纸，并在施工过程中参照图纸进行作业，任何平面图纸给人感官比较抽象，直观性和立体性很差，不利于对建筑项目做出完整的设计，甚至会由于设计者的失误而造成重大建筑疏漏，一旦需要重建则会给相关单位带来巨大经济损失。BIM 可视化特点就是将还未出现的建筑通过模拟，将建筑物形态虚拟地、逼真地、立体地展现出来，以尽可能地减少施工弊端，该技术通过多维可视化功能，能够提高建筑设计的数字性，将建筑结构和功能全面准确地展现出来。而且可视化的特点在建筑施工和运营、维护时也可以起到很大的作用。

（二）协同性

建筑项目是一个十分综合、复杂、长期的系统化工程，因此往往需要诸多部门的协作和配合才能完成，通常来讲，建筑项目需要经历勘探、规划、设计、建设、施工、监理、验收、维护等各个环节，涉及设计单位、建筑施工方、投资部门等，在整个过程中都需要各部门的协同完成，才能确保建筑项目顺利实施。但是由于各部门的工作流程及对项目指标和参数认识程度不同，极易造成信息的不对称性，或者沟通不到位而产生一些施工安全隐患，严重制约了工程工期进度，影响相关部门形象。而 BIM 技术应用计算机相关编程可以对施工的流程工艺进行模拟，能够有效地"防患于未然"，促进各方充分交流、信息共享和整合，避免由于各方信息障碍而造成的事故问题，而且还能及时发现其中的问题，实现项目的协同管理。

（三）模拟性

模拟性是 BIM 技术较为突出的一个特性，其模拟性不仅表现在项目设计过程中，还表现在项目实施阶段。一方面，BIM 可以对摸拟建设的建筑物成型模拟，而且所模拟出来的效果图往往是极具空间感的，与普通平面图相比，直观性和立体性较强，能够清晰地反映出建筑的构造。而且 BIM 技术不仅能够对建筑尺寸、建筑规模、建筑参数进行仿真模拟，还能够对建筑物的节能装置设计、电气设备安装、通风及光照、火灾逃离等进行模拟。另一方面，在项目实施阶段，BIM 技术通过该技术能够动态化、生动地展现建筑施工操作流程，确保施工科学性与高效性，并对预计的施工效果进行全方位展示，从而为实际施工做出参考。而且通过观察三维模型，建筑单位能够及时发现设计和施工存在的问题，并有针对性地进行改善，减少成本。

二、基于 BIM 技术的工程项目信息管理模式构建

（一）系统架构及功能模块选择

工程项目信息管理系统构架融合了 WEB 目标设定，常用的构架就是 Browser/Server 模式，简称 B/S，该模式是利用 BIM 技术开发设计的利用互联网形成的在线管理平台，工程各方需要利用浏览器和服务器，才能在特定范围内通过权限设置和识别对有关信息进行浏览或者数据传输。该模式还大大方便了系统后期的维护和功能模块的更新与扩展。而且 B/S 模式对工程实际数据的管理是与模板分离的，避免了对模型数据的人为修改，提高了

信息查询和编辑的操作便捷度。在该过程中，BIM 模型数据是利用数据流通部触发器来对工程数据进行信息传输的，而且能够对用户指令进行反馈，实现了数据信息的数字化、信息化和自动化，与传统工程项目管理相比，既扩展了模块的功能性，又确保了参数的完整性和信息的实时性。

（二）数据整理与分析

BIM 技术将建筑项目涉及的各单位构建一个信息交流与共享的平台，并针对各方情况对该平台进行权限管理，使得各方依照科学的信息交互流程来进行信息整理与分析。权限划分的依据主要是信息流程权限类型、参与方的文件审核过程等，其目的是确保各方之间信息交互效率，并能起到一定的相互制约和督促的效果。比如，监理单位在接收到相关信息以后，会选派专门的监理人员进行数据审核，再由总监工审核，最后将确定的信息整合好后给相关人员，再通过邮件或者互联网方式进行信息公布。BIM 技术所具有的数据分析能力和高效传输性是其他技术所不具备的，其所构建的信息化平台也推动了工程建设的高效快速发展。

（三）数据存储及优化

在工程整体构建以后，数据流程基本确定，此时就需要对这些数据进一步地进行分析和整理，进入项目存储及优化的关键步骤。工程在设计和施工过程中会产生大量的数据，而且这些数据往往是跟着施工进度在动态化地变化，这么多的数据如果每天都需要再录入系统和信息库，无疑加大了相关人员的工作量，不利于工作的高效开展。因此，在实际的数据存储时，应当按照已有的工作流程进行作业，然后根据其特点设计数字化的表头，形成规范的标准表头。这样就可以利用"批量上传或者导入"功能将新产生的数据完整地、一次性地导进去，大大提高了数据存储效率，而且通过"关键字"搜索数据方便快捷。

BIM 所具有的优点让其在应用的过程中呈现了巨大的优势，其在进行工程项目信息管理构建时，也更加能够凸显其重要价值，有效解决了信息管理中存在的各种问题。相关人员要对 BIM 技术进行深入研究和探索，让其在应用过程中更具现代化和科学性，让其应用带给企业更大的经济效益，让其为企业的发展丰满羽翼。

第三节　智能变电站监控信息管理模式

随着社会的发展和进步，人们对电力的需求越来越高，这也推进着变电站的发展。众所周知，变电站会产生电磁辐射，随着越来越多的变电站的建立，人们更加注重自身的安全问题。本节主要讲述如何改进智能变电站的监控信息管理模式，进一步提高变电站的安全运行概率。

我国变电站的管理，随着科技的发展也在日益进步，电力需求的压力，也在催促着工作人员建立更加便捷、更加方便的智能管理模式。大量变电站的建立，增加了电力维修人员的工作量，也增加了更多的不安全因素。针对这些，优化智能变电站的监控信息管理模式，成为亟待解决问题。

一、变电站的管理现状

分散较广，难以集中。我国幅员辽阔，土地面积十分广泛，人口众多，分布广泛。因而电网的分布也较广，变电站难以集中，不利于管理。并且，变电站的存在对周围环境、居民的影响较大，虽然一般情况下变电站都会建立在居民较少的地方，但是也难免周围有住户。

在早些时期，变电站的建立只会考虑到选址在人烟较少的地区，对于环境的影响则考虑得较少。但是，随着现在人口的增加，一些人口较少，且分布着变电站的地区逐渐变成了一片接一片的商业用地或是居住用地。而变电站的存在显然影响到了人们的生活和工作。同样，这给变电站的管理也带来了麻烦。

二、监控信息管理存在的问题

（一）电力工作人员分配不均

目前，电网几乎遍布整个中国地区，但是电力工作人员分布却不均匀。在沿海发达城市中，优秀的电力研究人员显然比西北地区的人员要多。

对于变电站工作区域来说，也是如此。没有明确到底哪一块的工作重要，导致人员分布集中，出现问题不能够及时解决。且各区域的交流不够及时，造成信息的滞后，以及影响信息传递的真实性。

（二）应急措施不完善

部分地区的变电站的建设，从一定的程度来讲，并不符合标准。只是在目前的使用状况上来看，并没有出现事故，所以没有引起相关人员的重视。这也导致工作人员对待工作出现了明显的懈怠，这是对变电站以及自身安全不负责任的表现。

一些较为落后地区的变电站，存在明显的不安全因素，由于资金、人力等资源不能够及时到位，对于变电站的建设只能止步于不出现事故的程度。所以，对于类似于地震，山洪等破坏力较大的变故并没有做到相应的应急方案。

（三）工作人员自身素质要求不高

我国是从 1878 年开始使用电力，最早的时候，只有华北地区才有。而当电力才引进的时候，并没有专业的人才去管理。有的只是在一次又一次，一日又一日的反复工作下积累的经验，对于电力的了解，并没有形成完整的认识。

现如今，随着电力应用方面的越来越广，变电站工作的稳定性也在提高，现在工作人员做的较多的就是变电站的维护工作，在变电站周遭的环境进行监控巡逻，保证变电站能够正常地工作。同时，即使变电站没有发出危险的信号，在检测到变电站不寻常的电压变化时就要及时处理，以免造成更大的威胁。

三、监控信息管理模式改进措施

（一）集中监控，分散管理

由于变电站的分布较广，想将全国的变电站集中起来管理，并不现实。这里所说的集中管理，是指维护人员对智能变电站进行集中的维护和日常的管理。但是这种管理方式不需要维护人员完全了解每一个变电站的详细情况，只需要知道整体区域中智能变电站的设备以及自动化程度是否受到某些方面的影响，如果有，及时维修，分散管理。

当然，对于智能变电站还有很多方面需要人员的维护。例如变电站的电池，变电站周遭环境的打扫，这些都是会威胁到变电站能否正常工作的因素。对于这些细小的影响，只能够分散管理，要求值守人员的自身素质过高，并且有专业的电力知识和工作经验，以免在工作时发生危险。

（二）加强地区间信息交流

智能变电站影响着区域间所有的电力，一点点的变化都会引起电力的使用。因此变电站方面的关于站内信息的传递一定要及时，一些细小的零件或系统发生变化的时候根本不能引起工作人员的注意，但是它就会像蝴蝶效应一样引起变电站巨大的影响。

一旦发生微小的事故或是不能够正常运行时，一定要注意赶快将消息层层传递出去，提醒各个环节的维修人员做好安全措施。但是即使是这样，也不一定能有效地防护变电站异常带来的影响，所以，当智能变电站出现预报性的异常时就要加强监控和管理。

（三）提高工作人员应急处理能力

变电站的异常变化存在极大的不稳定性。这也要求维护人员的自身对电力知识了解过硬，不管遇到哪一种的系统运行异常或是事故，都能够有条不紊地进行处理。所以，提高工作人员的应急处理能力，也是对变电站系统监控管理改进方面之一。只有这样，才能够从源头上阻止危险的发生。

对于变电站出现不可预测的突发事故时，一定要做到沉着冷静，服从上级的安排，有序对事故进行处理和恢复。当然，由于上级并不是第一时间接触到事故，所以有时并不清楚事故发生的具体原因和目前的状况，由于信息的传递等也具有滞后性，所以在第一时间，需要在现场的维修人员应用自己的能力，对事故进行简单的抢修，以免发生更严重的后果。

智能变电站监控信息的管理模式正在一步步更新，从源头开始就对变电站可能存在的威胁进行了预测和处理，很大程度上保证了智能变电站的正常工作和运行。强化监控信息管理模式，既能减少由于信息传递的滞后性带来的危险，也能提高变电站的工作效率，缩减劳务资源，更能有效地对智能变电站进行管理。虽然现在的信息监控管理已经足够满足现下智能变电站的工作，但是随着电网的分布越来越广，国家也在每年增设智能变电站，对于较多的变电站的管理，还有很大的改进空间。

第四节　"一带一路"电子商务物流信息管理模式

探究"一带一路"背景下电子商务物流信息管理模式，有利于实现跨境电子商务物流管理的信息化建设，促进电子商务物流发展。我国电子商务企业基于"一带一路"背景信息化建设物流管理模式，需要结合物流管理模式的基本情况，分析物流信息管理存在的问题，以问题为基础，实施加强信息共享、统一技术标准、规范物流业务与强化信息数据保障等策略，实现电子商务新型物流信息管理模式的有效构建。

在"一带一路"倡议下，我国电子商务行业不断发展，行业内的企业需要结合信息时代的优势，积极建设信息化的物流管理体系，才能满足我国电子商务企业与行业在"一带一路"背景下的发展需求。基于此，我国电子商务企业需要构建符合"一带一路"背景要求的新型物流信息管理模式，提升物流管理的信息化程度，促进电子商务企业物流转型。

一、"一带一路"背景下电子商务物流信息管理模式的基本情况

（一）跨境物流模式

在"一带一路"背景下，电子商务物流模式以跨境物流为主，包括国际快递、海外仓储与新兴专线物流等模式。国际快递指 FEDFX、TNT、DHL 等快递，这些快递具有明显的优势，如运送速度快、运输全过程监督、丢包率低等。但国际快递通常费用较高，以航空运输为主，对物流运输品要求较高，因此，尚未广泛应用在我国跨境电子商务中。海外仓储指在境外设立包裹仓库，本国物品借助货运、海运、空运等方式，出口到境外仓库进行存储，卖家可对境外仓库直接下达指令，节省运输时间与成本，并且货物能够在境外进行本地销售，为退换货提供便利性，提升企业知名度与信誉度。但这种物流模式只适用于热销物品，否则容易造成物品积压。新兴物流专线主要指借助包舱方式将物品向国外运输，通过当地物流企业派送包裹。这种物流模式具有物品集中、丢包率低、运输成本低、时间短等优势，但目前范围有限，需要进一步扩大覆盖区域。

（二）信息管理现状

在了解"一带一路"背景下电子商务跨境物流模式的基础上，可以发现，任何一种物流模式都会对应物流管理，在新时期背景下，这些物流模式对应物流管理都需要进行信息化建设，才能满足物流的有效管理需求。在"一带一路"背景下，跨境电子商务物流管理的信息化建设还存在许多问题，国内各地与各企业的物流信息系统尚未达到统一化的建设

水平，并且还未完善各自的物流信息化体系。同时，物流技术数据呈现出不够全面的现象，相关标准建设还需要进一步加强，信息资源共享程度也需要有所提升。各地与各企业的跨境电子商务物流在建设、管理与运行过程中，缺少信息化管理物流信息与数据的手段，整体应用物流信息的水平有待提升，需要进一步发挥信息化建设对物流管理的拉动作用。

二、"一带一路"背景下电子商务物流信息管理模式存在的问题

（一）信息孤岛现象仍然突出

在"一带一路"背景下，电子商务对应的信息管理模式，存在信息孤岛现象突出的问题。各地市的电子商务企业使用的物流信息系统相对独立，同时，与境外合作伙伴使用的物流信息系统也联系不够紧密，物流信息系统尚未进行统一规划，各企业、各地、各国系统使用的数据标准与技术不同，致使各系统之间缺少统一的数据端口，难以实现数据的共享，容易在数据传递过程中引发数据传输错误，加大物流信息系统建设难度。也就是说，在"一带一路"背景下，我国境内的电子商务物流信息系统需要彼此连接，并与境外相关企业的物流信息系统进行联系，整体物流信息系统需要对应统一化的技术标准与数据管理模式，才能保证物流信息有效共享，方便相关企业及时进行沟通，提升物流运输效率。但是现阶段，信息系统彼此独立，尚未形成统一的技术标准，限制物流信息管理模式的有效构建与完善。

（二）信息系统支持不够全面

基于"一带一路"背景，电子商务对应的物流信息管理模式，存在信息系统支撑不够全面的问题，也就是说，信息系统尚不能支持全部业务环节。电子商务的物流信息管理会涉及配送、存储、销售与采购等环节，并且包括采购技术与销售计划的设计与管理。现阶段，信息化管理尚未在物流管理的全部环节中渗入，体现出物流信息化平台不够全面与完善的问题，现有物流信息系统不能覆盖全部物流业务，也未涉及物流管理的所有层面，不能支持整个物流过程的全面性管理，无法做到实时监控，影响物流信息管理模式的构建。另外，物流信息系统只能支持部分业务的管理，也会造成绩效考核工作不到位，难以积极影响管理人员提升个人素质，对跨境电子商务整体物流管理造成不利影响。

（三）信息数据保障体系缺乏

电子商务物流信息管理模式需要具备完善的信息保障体系，但是在"一带一路"背景下，我国电子商务物流管理存在信息数据保障体系缺乏的问题。首先，物流信息系统较多，系统运行维护比较困难，跨境电子商务物流会涉及多个物流信息系统，每个系统分属于不同企业，使信息系统管理中的系统维护工作难以顺利开展。其次，我国跨境电子商务缺少统一化的物流管理平台，重点问题是国内还尚未针对电子商务物流综合管理形成统一的管理平台，无法及时获取各地电子商务企业的物流信息，限制了我国物流管理部门监督管理

全国物流工作。相应地，跨境物流综合管理平台尚未构建，我国物流管理部门难以开展与本国电子商务企业相关的境外物流监督管理工作。

三、"一带一路"背景下电子商务物流信息管理模式的完善

（一）加强信息共享

在"一带一路"背景下，完善电子商务对应的物流管理模式，需要加强物流信息共享，通过相应信息共享体系的建设与完善，为物流信息化建设奠定坚实基础。在现代社会，电子商务技术高速发展，积极影响跨境电商发展，为其提供极佳氛围。尤其在"一带一路"背景下，跨境电商对应的物流管理模式正在不断改进与创新，需要充分结合现代信息技术，对物流管理进行信息化建设，而信息化建设的前提与基础是物流信息的有效共享。为实现我国跨境电子商务在"一带一路"背景下物流业务的充分开发，我国各地市与各企业需要联合"一带一路"沿线国家的合作伙伴，共同建设物流信息共享体系，使用现代化技术全天候共享出口商、物流企业与进口商等各方的物流信息，有效解决部分跨境电商掌握物流信息不全面的问题，提升其物流信息效率，加强各个地域物流信息的有效对接，以信息实时对接完善物流信息管理模式。

（二）统一技术标准

我国电子商务企业在"一带一路"背景下，建设物流信息管理模式，需要统一技术标准。由于国内各地企业的物流信息系统尚未形成统一的标准，且与境外相关企业之间也未针对物流信息系统统一技术标准，造成各种接口、编码与代码不够标准与规范，致使系统之间的信息共享困难，无法整合跨境电子商务对应的物流信息系统。因此，需要统一技术标准，建设规范体系，对信息孤岛现象与数字鸿沟问题进行消除，使物流信息的分散与异构转变为融合与统一。为保证电子商务企业的物流信息化质量与水平，需要遵循一定原则与技术标准建设物流信息化系统，保证使用技术的良好性能与安全性、先进性，从而以统一技术标准与规范体系实现物流信息管理模式的有效建设与完善。

（三）规范物流业务

在"一带一路"背景下，针对电子商务构建物流信息管理新模式，需要规范物流业务，通过业务规范体系的建立，规范化管理物流作业过程，实现高质量的信息化管理。规范物流业务，建设规范体系，需要梳理电子商务企业的现有物流业务，根据业务的作业岗位、过程、种类与范围等，对适宜企业的物流作业流程进行系统化的分析总结，实现物流作业流程的标准化。规范物流业务，建设规范体系，还需要全面系统地规范各地电子商务企业与境外相关企业的物流作业环节，使相关企业充分了解与掌握配送中心作业内容与作业实施规范，对标准化的作业规范进行参考，有效评价与改进自身作业过程中的问题，提升物流业务规范程度，实现物流管理信息化建设，促进电子商务企业在"一带一路"沿线范围

内提升物流信息化管理水平。

（四）强化信息保障

我国电子商务企业在"一带一路"背景下会涉及跨境物流管理工作，为实现对这项管理工作的信息化建设，企业需要联合物流管理部门强化物流信息数据保障，积极配合物流管理部门建设国内物流综合管理平台，借助平台加强全国物流工作的管理与监督工作，提升国内物流管理的整体质量。同时，电子商务企业需要选择最适宜自身的信息化管理系统，并与国外合作企业使用相同或相近的物流信息系统，方便信息系统维护。在此基础上，电子商务企业建设物流信息数据的保障体系，需要加强技术保障，建设安全基础设施，如网络防病毒系统、防火墙系统等技术产品，保障物流信息数据安全。另外，加强人员保障，设置安全岗位人员，为数据安全工作的全部环节提供顺利实施的保障。最后，加强管理保障，制定行之有效、切实可行的安全管理机制，明确安全目标与目标实现途径。

在"一带一路"背景下，针对电子商务中的跨境电子商务，构建物流信息管理新模式，需要以物流信息管理现有模式的基本情况与现状问题为基础，在物流信息共享、信息系统技术标准、物流业务流程与信息系统保障体系等方面实施有效策略，建设与完善物流信息管理模式，助推电子商务物流管理工作趋向信息化与现代化发展。

第五节　企业财务信息管理模式

随着我国的经济飞速发展，企业的信息管理成为企业经营极其重要的一环。有良好的信息管理体系能够帮助企业完善内部控制和外部经营体系，让企业得到长远的发展。尽管我国的经济水平在逐步提升，很多企业也有良好的发展前景，但是，由于我国经济环境发展不平衡，人才的缺失，财务信息管理基础薄弱等问题的存在，我国企业在信息化背景下和发达国家之间存在很大的差距。

全球正处于一个信息相通、竞争极其激烈的环境，在经济信息化背景下，任何一家企业、任何一个组织，都面临着如何合理地运用自身掌握的信息，使之发挥推动企业发展的潜能这样一个迫切的问题。那么，如何使之发挥潜能，重点在于如何管理财务信息。

一、财务信息管理模式创新的必要性

在经济信息化背景下，构成竞争关系的企业大多都能获得相差不多的信息资源，那么，它们的竞争也就越来越激烈，又由于对手掌握了自身的信息，所以企业要在如此大的竞争力中求生并发展，压力是巨大的。随着信息化环境的影响力越来越大、宏观经济体制的不断改革以及资产改组、结构调整的不断深化，企业财务信息管理活动无论是内部控制环境还是外部经营环境都需要进行调整，财务信息管理模式急需创新。

二、现阶段财务信息管理存在的问题

（一）企业财务信息管理体制需待完善

任何一家企业都必须明确：财务信息管理是企业的核心管理之一，如何合理地运用掌握的信息是企业得以长远发展的核心要素。但是由于我国很多企业存在高管已经员工对财务信息管理核心地位的认识不足，仅仅将电算化系统操作认作是信息化管理，这很容易造成信息资源运用不充分的局面。除此之外，财务信息管理是一个动态的过程，它处于一个不断变化的状态中，管理层如果不能及时更新财务信息管理的思想理念，制定新的管理体制，是很容易将企业置于不利地位。管理体制中还存在财务信息管理基础薄弱的问题，主要表现为财务信息管理体制过于分散，没有实现集中管理，难以实现资金集中和预算管理制度，同时与财务信息管理相关的制度也不健全，严重影响了财务信息管理水平的提高，制约企业的发展。

（二）财务信息透明度差

虽然我国大环境下表现出信息共享的特点，但是实际情况中，有效资源的共享情况却不容乐观。据了解，现阶段我国的企业存在严重的信息不对称、共享性差的情况，很多信息由于不能高效率地流通，或有垄断现象，或有滞后现象，形成明显的信息不对称局面。信息一旦得不到有效共享，就会严重影响财务信息系统的运行效率和财务管理的最终效果。可由例子体现：传统会计流程中会计部门独立于其他业务部门，它的信息运作系统一般情况下也是独立于其他的系统进行的，这就导致"内部谋划"的情况，各部门只关心自己一小部分的利益，不从企业大方向出发，往往排斥信息的共享。

（三）财务信息管理缺乏技术和人才

企业要实行经济化背景下财务信息管理的改革和创新，人才和技术缺一不可。想要建立行之有效的财务信息管理系统，能够及时收取信息、分析数据并根据数据分析提出合理化建议，就必须采用能够综合反映企业财务信息管理情况和企业经营管理理念的信息化手段和方法。也就是说，企业需要引进专业知识丰富、能够为企业带来经济效益的高技术人才以及拥有高水平同类企业的有效技术，建立一个完善的财务信息管理系统。但是，我国企业大都缺乏自主开发财务信息管理软件的能力，国外软件有高效率、高精准度的优点，但是若要引进国外的软件，不但成本过高，而且不能与我国国情相符，难以发挥其作用，甚至可能反其道而行，影响财务管理其他系统的运行效率。

三、推进财务信息管理改革的策略和方法

（一）改变企业财务信息管理理念

从宏观角度分析，我国社会主义市场经济处于不断完善的阶段之中，加入世贸组织更

推动着我国经济的发展，企业财务信息管理改革刻不容缓。不仅是国有企业，其他的企业也必须尽快摈弃长期计划经济体制下形成的传统的财务信息管理模式，树立以信息化管理为核心、以资金流程控制为重点的财务信息管理理念，推动企业的体制，促进经济的发展。从微观角度分析，在一家企业的经营管理中，公司理念是整个企业的"领头羊"，应当牢牢把控好企业内部的财务管理和资金监控，坚定企业以财务管理信息化建设为核心和切入点的经营理念，及时防范资金风险，将统计数据与财务信息相匹配，堵住漏洞，把握企业的前进方向，就能带动整个企业管理水平的提高。

（二）完善制度，敢于创新

随着经济信息化时代的到来和信息化水平的不断提高，企业财务关系的分界线也越来越模糊，甚至有交叉的部分。但是对于现阶段我国国情而言，企业内部各单位之间的关系和企业人员之间的关系尤为重要。创造是第一生产力，给企业营造一个相对积极融洽的氛围，更能激励员工积极努力地工作，在以信息化为代表的知识经济中，调动员工的工作积极性，能够促进企业的发展。因此，企业管理层和决策层应当于人员奖励、人事选拔制度上进行改革创新，发挥员工的潜能，使其获取更多的财务信息资源，完善财务信息管理制度，最终实现企业的发展。

（三）对财务人员进行培训

时代的发展是迅速的，技术的更新换代也是迅速的，企业员工不可能固守成规，以同一种工作模式工作下去，这是一种对资源的浪费行为，因此，企业应当尽可能多地让财务人员进行培训。由于网络技术的普及与应用程度直接关系到财务管理创新的成功与否，所以，为了适应网络经济发展的要求，企业应当注重财务人员关于运用金融工程开发融资工具和管理投资风险方面知识的传授和能力的培养，提高财务人员的适应能力和创新能力，使其跟上时代的步伐，才能为企业带来更多的财务信息资源。

企业对于自身的内部信息管理制度应当有更高的标准，而财务信息管理是企业举足轻重的管理部分，理当顺应环境，对其中的科目、分类等做出一系列的调整，以利于企业的生存和发展。

第六节 群体智慧的政务信息管理模式

在当今信息化时代，政务信息的管理水平逐渐提高，民众参政意识增强，我国政务信息资源总量不断增加，政务信息开发及共享环境初步形成。长期以来，由于传统观念、行政体制、管理模式、利益制约、技术手段等因素的制约，我国政务信息管理主体单一，单纯依靠政府或部门力量，以公文发布、网站信息公布等形式传播利用，略显单一和不足。如何进一步依托民众的广泛参与，更好传播和利用政务信息资源，以此引导政府决策，改进现有政策，加强民众监督，增强我国政府决策的民主性，显得至关重要。

一、政务信息现有管理模式

数据集中模式。为彻底消除"信息孤岛"和"信息空岛"，推进政务信息资源共享和开发利用，一个地区或城市建立统一的数据库和信息管理系统，通过数据的集中管理和统一服务，为公众提供政务信息服务，实行该模式的城市如厦门市。

2002 年厦门市政府开始建设统一的市民基础数据库和跨部门的市民服务信息管理系统通过一期工程建设，2003 年 7 月实现了公安、社保、公积金、计生等部门的数据交换和更新使用机制，建成了一个包含 340 万常住人口、暂住人口及历史数据的市民基础库，随后，地税、教育、卫生等部门的系统也逐步接入。现在，市民可以通过"公共服务一卡通"渠道，凭卡领取养老金和工伤、失业等多种保险金，方便了市民办理社会事务。

依靠政府的强有力推动，厦门市很快实现了全市基础信息资源的大集中，但是，信息资源建设有其自身的特点，它不同于物质资源建设，不是一次集中便能一劳永逸，而是存在着不断的信息增删、补充和维护等一系列后续工作。只有及时地修正，才能确保信息内容与其所反映的对象协调一致，才能确保信息真实地记载和反映客观事物，才能保证决策的科学性与准确性。因此，虽然厦门模式依靠行政的推力，能在短时间内实现政府数据集中管理，但其并不能从根本上解决信息意识与信息共享等观念问题。一旦信息资源建设中一把手作用缺失或不到位，政务信息数据库的数据采集利用与保护等一系列问题便会摆在人们面前。

一体化模式。近年来，公共服务已不再强调逐级放权、分解职能或建设具有单一目标的组织，而是转而强调采取更为综合的方案。"一体化模式"正是公共行政中的鼓励个体不断向正式和非正式的联合网络转变的趋势，在一个政府网站上提供全面多样的信息服务，实行该模式的城市如上海市。

上海市政府为了降低建设和运营成本，冲破传统的自建自管的思想念，探索"一体化"建设之路围绕应用协同，由第三方建设和管理支持平台，政府各部门都是平台的用户。上海"一体化"建设包括信息一体化和应用一体化两个层面的含义。"信息一体化"是指构建区级信息资源库和信息交换平台，在功能方面表现对上、对下、横向"三联"，与已有应用系统进行交换:对于区县委办局和街道尚未构建系统的则实行集中建设，即 ASP 模式，降低成本的同时，又增强了条块信息资源共享。"应用一体化"是指采用一体化方式建设信息系统，为未建信息系统的部门提供应用支持，即各单位都是应用终端，与已建的市级系统实现衔接，打通业务流程，实现跨部门协同。上海市由第三方搭台的信息管理一体化模式是一种低成本的建设方式，它既充分利用已建的信息系统，又从经济性角度出发，未建系统的机构不再自己建设，而采用 ASP 模式。笔者认为这一思路实现了低成本的、理想的政府信息管理模式。

综合管理模式。综合管理模式是指在数据整合的基础上，实现系统整合和业务整合，从信息、生活、工作等各方面实现全面服务、综合管理的政务信息服务模式，实行该模式的城市如广州。广州首先开始于试点 2002 年 1 月，越秀区六榕街等 l0 个街道办采取以社区综合应用平台整合部门下到街道的业务系统，实现了一套基础数据支撑各项业务，各项业务产生的数据集中于"共建共用"的主题数据库。同年 11 月，广州市又决定在越秀区尝试建立区级政府数据中心，在数据整合的基础上，实现系统整合和业务整合，既满足了各业务部门的需要，又满足了属地管理的需要，从而将电子政务系统条块结合，从社区一级提升到区一级政府，随后，在总结经验的基础上，开始在全市推广应用。今天，广州市已经在 60 条街道构建了社区综合应用平台，形成了自然人、法人、房屋基础数据库，以及失业人员、退管人员、老年人、育龄妇女等业务数据库。

广州是从最基层形成的数据源抓起，鉴于我国信息观念普遍不强的现实，建设初期同样离不开一把手的行政推力，并在不断完善制度保障基础上，逐渐建立起区级政府数据中心。我国城市实行的是两级政府（市级和区级）三级管理（市、区和街道），以区级为单位建立数据中心，具有承上启下的作用，确保了信息能够准确地、及时地反映事物的变化发展，又为科学决策提供可靠的信息源，这不失为一条可行的电子政务信息管理途径。此外，还有一些其他政务信息管理模式，在此不一一赘述。

二、现有政务信息管理模式的不足

主体单一。现有政务信息管理模式的主体主要集中于政府部门与信息部门。由政府机关发布信息，并由相应的信息部门提供信息技术支持，建立数据库及信息管理系统等，履行数据管理和发布等相关事宜。而政务信息的广泛发布并及时捕捉回馈信息，单单依靠某个或某些部门机构是远远不够的。缺乏群众基础的政务信息是无现实效用的，也脱离了政务信息公开的本质和目的。

费用高。我国城市实行的是两级政府（市级和区级）三级管理（市、区和街道），以区级为单位建立数据中心，具有承上启下的作用，确保了信息能够准确地、及时地反映事物的变化发展，又为科学决策提供可靠的信息源，这不失为一条可行的电子政务信息管理途径。但是，笔者认为，这种做法最大的不足在于成本控制问题。该自上而下的政务管理模式，涉及部门层次多，且需多次重复设置计算机、数据库等硬件、软件设施，人力、物力成本大，费用高。

信息有限。由于与政务信息相关的主体有限，则政务信息处理的视角有限，则无疑或多或少地带有主体倾向性，则公布政务信息则会因此缺失公正性等。且政务信息的公布往往带有单向性，缺少公众的反馈，使得言论自由及群众监督并不能够得到实现，也使得群众意志不能得到有效存储和交流，造成信息的缺失。

三、"群体智慧"概述

"群体智慧"亦称"集体智慧",起源于在不同意见讨论决策形式,包括细菌、动物、人类与电脑,后经过发展,形成了一门由夸克到细菌、植物、动物,到人类社会等群体行为的研究。从群体智慧理论产生至今,在多个领域都有应用,如生物学、计算机科学、管理学、社会学等,不同学科的学者对"群体智慧"的理解和应用有所不同。

群体智慧的研究最早可以追溯到昆虫学家 WilliamMortonWheeler 的观测成果。Wheeler 发现蚂蚁可以通过协作表现出一定的集体思维,构成了一个具有一定智能的集合,由此他称其为"超有机体"。

群体智慧在社会领域的出现最早,可以追溯到 Durkheim 的研究,Durkheim 认为社会是人类智能的唯一来源,社会群体表现出超出单独个人的智能。HowardBloom1986 年将当时已经出现的相关研究成果,如群体选择、超有机体概念等综合起来,提出了集体智慧如何工作的理论。

以上都是网络时代之前的群体智慧研究成果,20 世纪 80 年代以后,随着网络的出现和发展,群体智慧研究有了新的发展。

TadeuszSzuba 提出了群体智慧的模型和群体智能的测量方案,此外,Szuba 还对群体智慧的计算模型和人工智能应用做了深入的研究;Jennifer 等研究了在线文学的群体智慧模式;JanLeimeister 回顾了群体智慧研究的一些历史,对群体智慧的应用领域做了一定的分析。斯隆管理学院 Malone 的在这一段时间做了大量有价值的工作,包括提出群体智慧的框架模型,开展实际项目应用群体智慧。

群体智慧得到了大量的研究,出现了许多有影响力的研究成果。成熟的理论为基于群体智慧的保护模式提供了理论基础。这里需要提到 MIT 斯隆管理学院的成果,Malone 等人提出的群体智慧模型框架,具有较好的可实施性,本节下一部分即基于 Malone 的框架模型开展论述。

尽管群体智慧的含义较为丰富,不同领域的学者对其理解也有所不同,但概括来说,群体智慧可以理解为共享的或者群体的智能,它可以在细菌、动物群体、人类社会、计算机网络中出现,表现为集体协作的创作方式、协商一致的决策方式等群体合作方式。该定义在各个领域都有着一定的适用性,本节提到的"群体智慧",若不加特别说明,指的是存在于人类社区的群体智慧。

认识包括基于群体意见的市场预测、政治越策、技术预测等,相关应用如网易的基于群体智慧的股票预测系统;是目前应用最多的群体智慧类型,linux 开发、wikipedia 的建设、Youtobe 的发展,都是基于网络群体合作的结果;协作更多的出现于管理领域,论坛讨论、集体决策都是协作的应用。

四、基于群体智慧的政务信息管理实现的基础

设备基础。20 世纪 90 年代以后，互联网在全球范围内迅速普及开来。群体组织在互联网应用下（从邮件到社会性质的媒体）能够使群体成员在"虚拟世界"里，在没有范围和距离的限制下互动。互联网的发展为人们的互动提供了新的渠道，利用电子邮件、即时通信、新闻组、博客、微博、维基等网络应用，人们可以高效传递信息，交换意见，开展协作。而这些网络技术的日益兴起也为基于群体智慧的政务信息管理模式提供了技术支持和保障。如通过微博，人们可以随时随地阅读文件，评论时事，发表意见，相互交流等。另外，据 2014 年 7 月，中国互联网络信息中心（CNNIC）发布《第 34 次中国互联网络发展状况统计报告》（以下简称《报告》）显示，截至 2014 年 6 月，我国网民规模达 6.32 亿，半年共计新增网民 1442 万人。互联网普及率为 46.9%，较 2013 年底提升了 1.1 个百分点。

中国网站规模大、网民数量多、互联网普及率高等现实，均为基于群体智慧的政务信息管理模式提供了技术基础和群众基础。网络将人与人连接起来，构成了引人注目的群体智能体，Wikipedia 和 linux 的成功更是说明了基于互联网的群体智慧的巨大力量。

除此之外，照相机、摄像机、手机等移动设备的普及，方便了信息的捕捉和随时上网，使得多媒体的政务信息得以有效获取和保存；增加了信息发布的便捷性，使得信息的获取、处理、发布等可以突破时空的限制；强化了信息传播的互动性，公众可以通过短信、留言、邮件、博客、微博等方式成为信息的反馈者和传播者；增强了信息受众的广泛性，增大和提高了信息的传播范围及普及率等，为基于网络的政务信息传播奠定了便捷的设备基础。

群众基础。政务信息的管理与社会各个群体息息相关，包括政府官员、信息人才、专家学者、平民大众等。《国务院办公厅关于成立国务院信息化工作领导小组的通知》中提到要加强信息人才的培养。四川省和大同市的《国民经济和社会发展第十个五年计划纲要》中都把人力资源的开发和利用作为重要的部分进行规划。另外，随着网络的兴盛，越来越多的人能够熟练地使用互联网等渠道参与群体互动，成为政务信息的传播者和保护者。不少人在网站上提供与政务信息相关的照片、录像、录音等，也有人专门以此为主题，建立了博客。专业而广泛的群众基础为基于群体智慧的保护模式实施打下了坚实的基础，也为更广泛的挖掘群体智慧和更全面的政务信息管理提供了精神保障和智力支持。

政策基础。制度是体系建立和运行的基本支撑，它能保障体系平衡发展，促进体系不断完善。以公众为中心的政府公共信息服务体系是一个涉及面广泛且复杂的系统，它需要有统一完善的制度规范维系发展。基于群体智慧的政务信息管理体系构建，法律制度支持最为关键。政府机构必须努力促进相关法律规范的出台，为信息服务体系的建立提供的制度上的保驾护航。目前我国关于政府公共信息服务的法规，主要有《中华人民共和国政府信息公开条例》和《政府信息共享管理办法》，它们为服务体系的构建提供了一定程度的法律依据，有效地刺激了基于群体智慧的政务信息管理模式在我国的实践。除了依赖法律

法规，基于群体智慧的政务信息管理也离不开相关管理制度的支持，政府机构需对内制定系统的工作制度，对外制定明确的服务制度，促进公共信息服务稳定持续开展。

五、政务信息管理中群体智慧的运用

基于群体智慧的政务信息管理模型，笔者给出了一个简单的基于 web 的政务信息管理系统设计。系统包括两类参与主体以及多个功能模块。参与主体是公众和机构（包括政府机构、信息机构、档案机构，他们同时也是系统的管理者），后者除了要参与资源创建以外，还负责一定的资源审核和意见处理任务。核心模块包含在 A 和 B 区域，B 区域的模块是系统的内部业务逻辑部件，区域 A 的模块承担了群体智慧应用的实现，与群体智能实现关系密切，为本节介绍重点。

该系统用户区分为登录用户与非登录用户两种。登录用户可以享受到和非登录用户相同的浏览信息的服务，同时可以参与非登录用户所不能够实现的资料上传和修改、信息标记和订阅等活动。上传模块负责参与者资料的上传，上传的资料经管理者审核无不良内容以后予以发布。上传者可以为公众个人团体、相关机构等，管理人员多为各级信息管理部门。在此过程中，应注意用户角色的区分，如专家学者上传资料往往权威性和准确度较高，而公众等则更多受视野局限，上传资料主观性强，要据此对上传资料予以审核，选择性发布。如果上传资料过多，管理人员没有足够的经历审核，则可以跳过管理员审核，直接发布，审核任务转交到其他参与者承担。

编辑模块实现类似 wikipedia 的功能，用户可以申请创建某一政务信息交流项目，经审核通过后项目建立，用户可以进一步补充各种资料。对于已有的项目，用户也可以修改补充其中的资料，用户冲突可以交公众进行投票处理。编辑模块并不仅仅是用于文字资料的编辑，还可以以图片、视频等丰富多样的方式表现。

群体决策模块是应用"评判"方法的工作模块，群体决策包括多种形式，如投票、决策、预测等等。实际系统构建中，群体决策往往同具体的项目资料放在一起，以支持对项目的即时评估，例如在某个政务信息条目下设置投票功能，参与者在阅读以后可以立即对此条目进行投票，评价条目的价值。尽管群体决策功能往往与相关资料条目置于一起，但在逻辑意义上，群体决策模块有着自己的逻辑框架和工作流程。群体决策模块支持的功能至少包括：评定政务信息的正确性、评价具体政务决策等。

在线交流模块为政务信息参与者提供交流的途径。

虚拟实验模块用于测试公众意见和决策的正确性，模拟政务信息管理效果，这一模块相对难以建设，需要模块构建者拥有良好的技术素养以及对政务信息管理工作深入的了解。

除了 A 区域列举的模块以外，用户管理模块也需要特别加以介绍。人们因为一定的动力而参与政务信息管理，系统为了鼓励参与者的积极性，需要为参与者提供一定的回报。其中，可以使用的办法如为某些参与者提供一定的物质回报；标记著作人的资料；为积极用户实施"勋章制度",根据贡献发放更高级的勋章等。

政务信息的管理非某个机构、某些人的任务和职责,与每个人的生活息息相关,而基于群体智慧的政务信息管理模式的建立也非一蹴而就,需要相关机构放权与群众的参政意识的增强和对政务信息管理的积极参与。相信,当每个公民都成为政务信息管理的参与者时,我们离真正民众监督、政策民主就不远了。

第四章　信息管理过程

第一节　信息需要

新一代人工智能的发展及其所引发的对通用人工智能自主进化的未来展望，空前凸显了信息需要研究的重要性。信息需要的研究，不仅关系到对人的本性的深化理解，而且涉及通用人工智能本性的理解和自主进化的驱动机制。信息及其进化的研究，为信息需要研究从有机体扩展到信息体创造了条件，由此可以更到位地理解信息需要，走向人类智能和人工智能及其进化机制的统一理解。信息需要是信息体为了满足有意识或无意识的需要而寻找和获取信息的欲望。它不仅是智能进化驱动的引擎，而且是人性和通用人工智能基本特性的表现。信息的相互性，信息需要满足和产生的共同性，决定了发展到一定水平的通用人工智能可以与人性具有相同的本性。这既涉及人工智能进化及其机制研究的核心内容，又涉及人工智能性质理解的深化和相应伦理支持的根据。这充分表明，信息需要是人工智能研究的重要领域。

信息文明时代，人的信息需要日渐成为一个亟待探索的重要课题，它不仅关乎人的需要理解的深化，从而与信息文明时代人的发展和当代社会发展驱动升级密切相关，而且涉及人工智能的基础研究，关系到广义智能进化的驱动机制。

一、信息需要是智能体的根本需要

由于认识的历史局限性，信息需要的理解至今处于云山雾罩之中，这和信息需要的重要性形成强烈反差。随着信息文明的发展，信息的感受性关系理解为信息需要理解的深化提供了必要的理论前提。

（一）从有机体到信息体

在目前关于需要的研究中，对象是有机体，而且大多以人的需要为研究对象，因此通常把需要看作生存和发展过程中，有机体感受到的生理和心理上对客观事物的某种要求。那是以内部的缺乏或不平衡状态表现出来的外部条件依赖。而信息需要的研究则主要以人为对象，"信息需要"这一术语通常被理解为个人或群体为了满足有意识或无意识的需要而寻找和获取信息的欲望。局限于人类主体，不仅难以区分人类基本需要的两个层次，更难以看清信息需要的根本性质。随着人工智能的发展，信息需要的研究对象由有机体扩展到信息体。而对信息的感受性关系理解，则为这一扩展创造了条件。

信息离不开信宿和信源，而信宿之所以为信宿，就在于具有接受能力；信源之所以为信源，则在于具有可感受的特质。信息作为信宿和信源关系，其特殊性与感受性密切相关。必须有信宿和信源同时存在，才可能有信息。因此在最基本的意义上，信息不是物质也不是能量，而是一种关系，一种特殊的关系，一种感受性关系，一种基于物能的感受性关系，即信宿和信源间的感受性关系。感受性关系是感受性相互作用的效应。当信宿和信源通过信息反馈机制一体化，就构成信息体。关于信息体，当代哲学和人工智能交汇到了同一方向。

在信息进化研究中，"agent"是一个至关重要的概念。这一概念是由人工智能学科创始人之一、美国人工智能专家马文·明斯基（M.Minsky）引入人工智能研究领域的。他用"agent"指很多更小的过程以某种非常特殊的方式在社会中结合产生真正的智能，用来解释"智能如何从非智能涌现"。目前 agent 的中译有"主体""行为者""行动者""代理人""施事者"以及根据语境译为"信息体"或"智能体"。由于这是一个其含义因具体使用情景不同而差别很大的概念，有时不得不使用原文，或音意结合译为诸如"艾真体"等。从人工智能的当代发展看，根据语境译为"信息体"或"智能体"，虽然含义难以确切对应，但能体现具有智能的"agent"的性质，而且人工智能研究领域广泛使用"intelligent agents""intelligent information agents"和"information agents"等概念，中译分别为"人工智能体""人工智能信息体"和"信息体"。"一个人工智能信息体是一计算的软件实体。""一个信息体是一自主的、计算的软件实体。"人工智能的发展，为从信息到信息体的理解提供了系统的概念工具。在信息体概念的基础上，信息需要则可以进一步概括为信息体为了满足有意识或无意识的需要而寻找和获取信息的欲望。

以物能体为对象，只能研究物能需要。只有以信息体或智能体为对象，才能不仅窥见广义智能进化的驱动机制，而且进一步深化信息需要以及人的需要的理解。

（二）人的两种基本需要

人作为以生物体为载体的信息体，有两种最基本的需要：一是物能需要，二是信息需要。

物能需要是人的最基础需要，信息需要建立在物能需要的基础之上。人要生存，首先是生物载体要有物能供给，因此就必须有物能；而身体要活动，就必须对活动的环境有感知，因此就必须有信息。这种信息需要甚至在低等动物那里就可以看到，典型的比如蚂蚁和蜜蜂等社会性昆虫相互间信息联系的需要。所谓"信息素"就是一种满足信息需要的产物，蚂蚁通过分泌具有特殊气体的化学物质，置放于找寻目标的路径，作为"路标"引导同伴到达目的地。

因此，关于信息需要的理解，更重要更基本的还在于信息需要和物能需要的区别。信息需要与物能需要的一个重要不同，表现在意识方面：对于意识信息体来说，物能需要总是在意识层面，而信息需要则如海面冰山，越是复杂的信息体，越是大部分在潜意识之中。由于在意识层面，物能需要都无须人们的特意关注，物能需要自身总是会冒出来，涌现在意识中，需要越强烈越是如此。饥饿难耐的食物需要，难以控制的身体冲动等，都是物能需要的强烈表现，没有任何物能需要不是自己表现出来的。而与物能需要不同，信息需要可以是隐蔽的，如果没有注意或认识到，有些信息需要，信息体根本意识不到其存在。有些信息缺环不到一定情景根本意识不到，而有些整体层次攸关的信息需要，甚至没有一定的领悟能力，智能体根本不可能意识到。在这个意义上，信息需要可以是隐埋着的，这正是英国城市大学信息科学系主任大卫·尼古拉斯（David Nicholas）所说的"隐蔽的需要"。

尼古拉斯认为有一种信息需要，在人类需要中处于隐蔽状态。"人们并不总是知道他们的信息需要是什么。"信息需要可能的隐蔽性质，对于人类具有十分重要的意义。它蕴含着教育的重要价值，甚至对于最重要的智能活动——创新，具有机制性意义。在人的需要中，只有信息需要才存在这样的问题：在潜意识领域从无到有生长出来。因此只有深入信息需要，才能真正深入研究人的需要。在马克思基于人的需要探索人类社会发展规律的基础上，在信息需要的层次进一步推进人类社会发展规律的研究，像马克思从人的物能需要出发探索人类社会的发展规律，从信息需要的研究出发探索智能进化的规律，将是这个历史性任务的当代工作。

信息需要与物能需要的另一个不同，在于信息需要的满足对智能体自己的能力要求不仅更高，而且可以高到这样的程度，以至于在一定条件下，没有任何智能体具备满足的能力——这常常表现为智能体能力的局限。尼古拉斯将这种情况概括为"未表达的需要"。

信息需要和物能需要的根本不同，还在于信息需要可以具有满足产生的共同性。这与信息和物能本性上的区别密切相关，并因此而具有非同寻常的意义。事实上，物能需要和信息需要都是人的基本需要，只是它们在人的基本需要中处于不同的基本层次。而它们之所以处于不同的基本层次，则只是因为物能是信息的基础。作为生物体存在，物能需要是人的最基础需要；而作为信息体存在，信息需要也是人的最基本需要。在人类进化过程中，人的信息需要一开始集中体现在心理层面，人们将其统称为"心理需要"。在心理需要的基础上再发展成更为复杂的信息需要形式，人们又将其统称为"精神需要"。因此，在人的需要的研究中，信息需要涉及更为基础的层次。在信息需要的层次，可以对人的需要作更为深入的研究，从而对人的需要及人的本性有一个更深入系统的理解。特别是由于信息与物能的不同本性，根据对信息需要本性的研究，可以对人作为一个类的存在的需要性质有一个更根本的了解，从而基于人的信息需要对人的本性和人类存在有一个更到位的把握。

人的需要就是人的本性，人作为生物体存在，纯粹的物能需要使人作为生物体生存，表现为动物性存在。只有作为信息体存在，只有从人的信息需要出发，才能真正看到人作为一个类的存在的本性，看到人必须作为一个类存在的根本原因，看到人类作为一个整体存在的基本根据。人的信息需要的发展意味着人的需要的信息提升。正是在这个意义上说，信息需要是人的根本需要。而且不独对于人类如此，信息需要是所有智能体的根本需要。

（三）信息需要作为人的根本需要

人的需要无疑是了解信息需要的重要所在，但同时又是易于构成信息需要理解障碍的领域。信息作为人的基本需要，总是受着更基本的物能需要的遮蔽，而信息作为信息体的最基本需要，就不仅不会存在误解，而且可以大大扩展和深化信息需要与智能体关系的理解，把信息需要与人工智能的自主进化联系起来。通常，就人的物能需要和信息需要的关系，或者就物能和信息的关系而言，"信息需要的概念根植于更基本的人类需要。人类在多大程度上'需要知道'是有争议的，大多数学者认为这是次要的需要，远不如对食物、住所或伴侣的需要重要"。事实上，不光"需要知道"意义上的信息需要，人的所有信息需要都基于物能需要，这不仅意味着没有物能需要的满足，就不可能有具有信息需要的人的存在，而且更直接的在于：没有物能需要的基本满足，就不可能有信息需要的发生，甚至作为信宿的信息体也不可能有信息。

对于作为最复杂信息体的人类而言，信息需要不仅包括能意识到的信息需要，而且包括意识层面之下，还在潜意识中的信息需要。越是低层次的信息需要，越具有无意识的性质。因此在具有意识的信息体中，信息需要可以作有意识信息需要和无意识信息需要的区分。当我们以心理需要特别是精神需要的形态讨论人的需要时，作为它们基础而且是更深层次内容的，事实上是更原初的信息需要。与心理需要特别是精神需要不同，在信息体中，信息需要的产生和存在总是在无意识状态下。这意味着，我们以心理需要和精神需要的方式谈论的，大都是已经到了意识层面的信息需要形态，而不会也不能触及未进入意识层面的信息需要。这也意味着，如果在深居潜意识的信息需要内容层面讨论相关问题，必定涉及新的信息需要研究领域。

作为最复杂的信息体，人类对自己心灵深处真正的信息需要往往所知有限。对此，加拿大麦吉尔大学信息科学学院研究员查尔斯·科尔（Charles Cole）有代表性陈述："无论在日常小范围基础上，还是关于更大更重要的问题，使用信息搜索产生新知识的问题，在于我们人类在这些情况下都不知道我们真正的、深层的信息需要。"由于认识到低层次信息需要的无意识性质，科尔基于信息科学和心理学的广泛研究，提出了一种新的信息需要理论，由"意识进路"研究信息需要和信息搜索。在信息的感受性关系理解的基础上，意识进路蕴含着经验和逻辑内在结合的可能性。

由于感受性关系，信息有经验信息和逻辑信息之分。经验信息是由有形的外感官与对象（不仅是外部世界，而且包括感受对象的信息体自身）之间建立的感受性关系（我们通常将其编码产物看作信息，典型的如作为生物遗传物质的碱基甚至 DNA）；逻辑信息则是由无形的内感官与逻辑对象之间建立的感受性关系（我们通常将其编码产物看作信息，典型的如罗马数字和阿拉伯数字及其关系体系，以及人类各种逻辑系统）。由于这两类信息的不同来源和性质，在人类认识活动中，以致有哲学上经验主义进路和理性主义进路长期相持不下的论争。在信息层面可以看得更清楚，正是经验信息和逻辑信息的相互作用，构成人类认识发展的基本机制。

与此相应，信息需要也有经验信息需要和逻辑信息需要的区分。而且，意识到我们真正具有的信息需要至关重要，它关系到我们作为高级信息体与外部世界的关系。"真正的信息需要打开了从个人到外部信息世界的通道之门，就如当目睹一场车祸时我们所真正看到的。"这也正是科尔通过"将信息需要划分为各个层次来研究"的原因。他认为，我们最深层的信息需要是"与我们在世界中的地位的联系或契合（fit）"。"它是我们内心所拥有的东西——我们如何思考以及我们所思考的，我们的意识——和新信息所在的外部世界之间的连接通道。当我们发现我们真正的信息需要时，它打开了通往外部世界新信息的通道之门，突然让它进入了我们的内心。"科尔的这段话深刻阐释了人的信息需要的基本性质。在这里，科尔还只是把信息看作是外部世界既定的客观存在，正像物能一样。如果把信息作为感受性关系理解，这种情景就更是活生生的。

作为人的根本需要，信息需要的满足可以是一个惊喜的过程。"发现真正的信息需要是一种体验性的信息事件，导致新信息突然进入搜索者的信念系统，这是搜索者所能感受到的世界与个体之间的能量传递。这是一个'惊喜'的时刻！"它不是一种单纯感性的惊奇，而是涉及意义的理性寻求。这正是科尔所要得到的最后结论："返回到非常广泛的物种层面的意识——对信息需要的研究和对意义的探寻。"正是认识到信息需要作为心理进化驱动的重要性，为了更好地研究信息需要和信息搜索在人类生活中的作用，科尔采取了"一个广阔的、物种层面的视角"，寻问"人类如何在与世界的关系以及他们在世界的地位中思考及思考什么？""以最基本的方式审视作为人类意识一种功能的信息需要。"对信息需要的研究不仅关乎意义的寻求，而且还把它置放于人与世界关系最基本的层面，因此事关人的根本。正是在这个意义上说，信息需要不仅是人的基本需要，而且是人的根本需要。也正是从比人的信息需要更原始的领域，才不仅可能对人工智能的信息需要关联有更深入的理解，而且能更到位地理解信息需要本身。

二、信息的相互性和信息需要的共同性

当今时代，信息文明扑面而来。对于人类发展来说，信息文明非比寻常。它事实上不仅仅是一种与农业文明、工业文明并列的文明，而且是不同于整个人类物能文明的新文明形态。人类信息文明之所以这么特别，就因为信息完全不同于物能的本性，而其中最为重要的就是信息的相互性和共享性。

（一）作为信息最基本特性的相互性

随着信息文明的发展，关于相互性概念的理解展示出越来越广阔的空间。英文"reciprocity"的中译一般为"互惠""互利合作"等。而从西文原文看，拉丁文"reciprocus"包含着一个更重要的机制：有来有往，来回运动。在生活里，这可以解释为礼尚往来；在

贸易等多边关系中，自然而然的理解是互利合作；而在信息研究领域，其更深刻的内涵则表现为一个复杂循环的投影，循环运动的平面投影就折叠成了简单的来回运动。这意味着把平面投影形成的折叠打开，就可以展开一个至关重要的信息循环过程机制。由于问题的复杂性，这一折叠打开尚须假以时日，但要达到对信息最基本特性的理解，则只需把相互性理解为：作为同一整体构成部分之间在整体过程机制中的相互依存、不可分割、彼此影响、共同行动的关系。这一理解建立在 reciprocity 的基本含义基础之上，但还必须基于这一含义，在信息文明的场域加以展开。

关于 reciprocity，目前最深入的理解主要在物种合作研究领域，但即使在这一领域，中译一般也为"互惠性"。将 reciprocity 仅仅理解为"互惠性"显然不够，因为在生物界，尤其对人类来说，"互惠"固然重要，但仍然只是生存的某种补充，并非必不可少。将它理解为"相互性"或"互性"，才能上升到依存关系。作为相互依存，相互性不能没有；如果没有，以其为基本特性的对象就不可能存在。而把相互性放到信息层面，这一含义才能得到真正到位的理解。

相互性之所以是信息的基本特性，因为信息就是一种特殊的关系，没有信宿和信源关系，就不可能有信息。如果不能建立电话之间的通讯关系，作为物能实体的电话依然如故，但作为信息关系体，电话的存在便失去了意义，事实上不复存在。由此不难想见，随着信息文明的发展，相互性概念会日渐凸显并变得越来越重要。

（二）信息的基本特性和人类学基本特性

由于人类归根结底是信息方式的存在，相互性既是信息的基本特性，同时也是人类学的基本特性。正因为如此，信息文明对于人类发展具有非同寻常的意义。在这样一个完全不同的人类文明中，有一个基本的事实至关重要，那就是信息基本特性和人类学基本特性的叠加。这一基本事实是研究信息文明的一个重要基础，它涉及作为信息和人类学共同基本特性的相互性。

信息文明时代所凸显的信息和人类学相互性的叠加，绝不是一种巧合，而是人的存在方式与信息的重要内在关联。这一事实既是深入理解信息文明的重要层面，同时也是理解相互性这一重要概念的最佳场域。

与信息的相互性相比，作为人类学基本特性的相互性相对较为隐蔽。在动物界，越是基本的相互性，越是显而易见。蚁类和蜂群存在生理上的相互性，蚂蚁和蜜蜂离开群体，无法独立生存，这只是一种最基础的相互性。由于作为人类学基本特性，相互性事实上是基于信息的，因而，在生物学关系上，人并不像蜂蚁，脱离类似乎也能生存。只有在语言、情感和社会关系中，才可以看到人类相互性更典型的体现。而人类越是作为信息方式的存在，其相互性就越是明显。

橡胶草（Taraxacum kok-saghyz Rodin）采自新疆石河子市北泉镇附近；拟南芥为哥伦比亚系。

越是高层次的人类相互性，越是集中折射出人性的光辉。随着信息文明的发展，人类个体从家庭到社区，从城市到国家和世界，无不渗透人类的文化和精神相互性。人间最应当开发的宝贵财富，就是人类的相互性。

事实上，相互性是信息文明的内在根据，同时也是大数据开启信息文明的更深层次论据。作为信息和人类学共同的基本特性，相互性是人类信息文明的直接依据，没有这种相互性，大数据和信息就永远只能仅仅是技术手段和资源，而人类文明则只能始终主要陷于物质的纠缠，发展止步于物能层次。作为人类学的基本特性，相互性主要是作为信息基本特性的社会或人类体现，而在人类信息文明社会，大数据则是呈现相互性叠加效应的重要基础。正是社会分工，大大强化了人类的相互性，而人类相互性的真正回归，则是当自己在大数据基础上日益以信息方式存在时，作为基本特性的相互性与同为信息基本特性的相互性日趋叠加。这一相互性的叠加效应，将折射出信息文明时代人以信息方式存在这一历史性重合的壮丽史诗。人类信息文明的发展，既是这一壮丽史诗的展开，同时也是人的本性的展露过程。

（三）信息需要的共同性和人的本性

关于信息需要的特征，目前的研究基本上还没有抓到重点。有的研究概括出的信息需要特征不少，但深刻的不多。尼古拉斯概括出"信息需要的 11 个主要特征"，其中第一个也是最重要的一个，就是"主题"。从把"主题"看作是"信息需要最明显、最直接的特征"就可以看到，这是对信息产品而不是信息需要的特征概括。其他的更不是真正意义上的信息需要的基本特征。正是由此，可以看到关于信息需要的理解，在根本上取决于对信息的理解。信息理解必须随着信息文明的展开甚至信息科技的发展而不断深化。

作为信息的基本特征，相互性正是根源于信息的感受性关系性质。任何关系都具有相互性，但感受性使关系具有更强甚至完全不同的相互性，当信息体发展到互为感受性关系时，相互性就发展到了一个新质层次。在这个基础上，随着互为感受性关系层次的复杂化，相互性不断强化；当发展到具有信息生产能力的人类智能体，相互性便发展到人类学层次。作为信息的基本特征，相互性决定了人的信息需要产生和满足的共同性。

信息文明的发展，使相互性随着人类的发展而不断凸显和展开，人的信息需要的系统研究，将为进一步深入理解人的高层次需要产生和满足的共同性奠定理论基础。

人的本性在根本上就是人的需要，而不同层次需要的满足具有不同的性质。越是低层次需要的满足，越具有特性，物质需要的满足就具有这种典型的性质。与此相应，越是高层次需要的满足，越具有共同性。人的信息需要的研究表明，这是因为人的需要层次越低，越具有物能的性质；人的需要层次越高，越具有信息的性质。在从生理需要到心理需要再到精神需要的发展过程中，物能越来越处于基础地位，而信息则越来越居于界面位置。

由于越是高层次的人类需要，越具有信息的性质，从而需要及其满足的相互性越强，资源的个人或小范围拥有意义越小。这意味着人类高层次需要的整体性，意味着这种需要满足的共同性。因此，越是高层次的需要，越必须在合作中才能获得共同满足。要么都得到需要的满足，要么都得不到满足，这是需要满足中的共时态相互代理。正是由此可以看到，作为以"代理"为基本含义之一的概念，"agent"具有独特含义。这种共时态相互代理意味着更进一步的事实：不仅需要的满足，而且需要的产生和发展也是共同的，情感和很多社会需要就已经明显是人和人共同的相互需要。如果说情感需要及其关系的形成更多涉及的是少数人，那么思想生产需要的发生和发展，所涉及的人则可以呈几何级数增加。越是高层次需要的产生和满足，越可能直接或间接地涉及更多的人，直至涉及整个类，从而需要的满足和产生越具有共同性。因为只有在人的共时态相互代理中，更高层次上的需要才可能出现。人的需要越发展到高层次，在特定群体中就越具有整体的性质，越是类的整体性需要，从而这种需要的满足也具有类的共同性。由于具有满足的共同性，在特定群体中，这种具有整体性的需要就不是某些个体可以单独满足，而另一些个体不是同时得到满足的性质。在这种整体性需要中出现了一个新的特点：人的需要不仅仅是在一般意义上相互代理，而且每个人都是共同需要及其满足的代理。只有代表和满足了类的整体性需要，才能得到个人需要的满足，而人类日益以信息方式存在，则大大加速了这一变化。

在信息文明时代，占主导地位的活动越来越是信息创构活动，这意味着物能创构越来越通过信息创构活动进行。人类活动主要是生产创意，而创意的物能实现则完全通过机器完成。正因为如此，一方面，人的信息需要的满足关系到当代社会发展的驱动升级；另一方面，由于信息文明时代人越来越以信息方式存在，人在根本上是信息方式的存在。对于作为信息存在方式的人来说，创造活动是最符合人性的活动，而大数据为最符合人性的创构活动奠定了基础。在此基础上，创造性活动是人的第一需要，正是信息创构，通过最符合人性的活动走向人的类解放。

信息文明的发展进一步展开了人作为一切社会关系总和的根本性质，社会发展表现为人是一切社会关系的总和——相互性的真正展开，从而使人的信息需要得到空前发展。从信息相互性的角度，无论对于"人是一切社会关系的总和"，还是"自由人的联合体"，都可以得到更深入的理解。不在联合体中，"自由人"就会成为"自由电子"。而马克思主义经典作家关于无产阶级只有解放全人类才能最后解放他们自己，"每个人的自由发展是一切人的自由发展的条件"等思想，则一方面是关于整个人类解放相互性最精辟的阐释，另一方面可以从信息的基本特性和人类学基本特性的叠加得到更深刻的理解。在一个群体中，对于任何人来说，必须在群体中的所有人都拥有电话的同时，他才拥有和所有人一样完全的通讯自由度，哪怕还有一位没有电话，他的通讯自由度就受到限制。这既是关于信息，也是关于人类相互性的一个最为简单而形象的展示。信息需要的发展，同时意味着人的发展进入一种信息化的良性循环。

作为信息方式的存在，人具有越来越重要的信息需要。"'信息需求'成为越来越多的人，无论在时间上还是在精力上的'第一位需求'。"而且，人越是以信息方式存在，对于信息的需要就越比物能需要更为强烈。由于日益与人的信息存在方式相关联，信息技术将不断深入影响人的信息需要的发展；随着信息文明的演进，人和社会将发生一系列变化，这在根本上体现为人的需要的发展。这种发展将大大出乎很多人的想象，一个总的趋势是：自然人的物能性需要会逐渐减退、萎缩甚至随人机融合而消失，信息性需要则会相应迅速发生发展。在这一过程中，新需要的发生也将有一个很大变化，物能性新需要基本不会发生，信息性新需要则发生得越来越出人意料。这种变化一方面意味着人的发展，另一方面又意味着相应的退化。人的需要及其发展的这种变化，将导致一系列价值观嬗变。因此，人和社会的前提性反思及批判能力便越来越重要。这里既涉及人的信息需要的性质，又涉及信息价值的信息需要根据。

人以信息方式存在的状态，取决于信息需要的满足状态。因此还有一点会出乎很多人的预料，对于以信息方式存在的人来说，信息需要的满足有比物能需要的满足之于主要以物能方式存在的人更严重的影响。这一点，从反面看可能更清楚。因食物餍足而倒胃口对人的机体的影响是暂时和微不足道的，而人作为信息系统的信息失衡，则可能给以信息方式存在的人带来致命冲击。作为主要以信息方式存在的人，内在信息系统失衡更根本地还关系到人的信息生产状态，涉及人的创造力的形成和发挥。即使在物能文明时代，这方面的例子也比比皆是，"文化大革命"期间，由于观念的扭曲，人们的内在信念系统普遍失衡，一些知识领域的信息生产陷于停滞；而在信息文明时代，人的创造力发挥与人的信息方式存在之间，则构成了信息文明空前凸显的双向循环机制。这种双向循环，不仅涉及人类及其社会发展的一般机制，而且涉及人工智能的自主进化机制。

三、人工智能自主进化的信息需要驱动

关于信息需要的研究，不仅涉及人的需要研究的深化，而且关系到人类智能进化和机器智能进化的共同驱动机制。正是基于人的信息需要的理解，才能推进广义智能进化的基础研究。这正是信息需要及其研究的重要性所在，它既涉及人工智能自主进化的驱动机制，又涉及人工智能自主进化的性质及其与人类复杂关系理解的深化。

（一）通用智能进化的类亲历性

面对新一代人工智能的发展，人们表现出了对于人类命运的空前担忧。深入理解人工智能的发展，对于人类前景命运攸关。信息需要及其特性的研究，无疑为我们提供了在更深层次理解人工智能特别是通用人工智能发展的重要基础。

通用人工智能可以处理复杂的外部关系，这意味着通用智能体必须是一个具有群体性质的存在，即一个群体关系中的个体。因为通用智能体间关系（如情感关系）所体现的是信息的相互性，而这种相互性源自类群中的个体经历，只能在类的经历中形成。也就是说，实现通用智能的自主进化，必须在一个类中才有可能。

通用人工智能的自主进化或人工智能进化到通用阶段，离不开类亲历性。在人类智能进化中，这种类亲历性具有心理学上的依据。正是基于进化心理学，科尔给出一个关于意

识的初步定义："人类意识是我们心理的和个体的持续时空之旅的产物，当我们思考我们在世界中的经历时，我们回到过去，然后走向未来。这一时空之旅确立并强化了我们与现实世界的不同——作为世界上独特的行为者的身份。通过时空之旅，我们获得了我们在这个世界上，在一个持续的自我认识行为中的经验的所有权。而且，我们有一个对新信息的持续信息需要。"正是这种对新信息的持续需要，不仅驱动着人类的进化，而且是通用人工智能进化唯一可能的驱动。一个简单的根据就是：自主进化的通用人工智能只会比人类更是信息方式的存在，越是信息方式的存在，信息体的进化越是由信息需要驱动。而信息需要具有满足甚至产生的共同性，以信息需要为根本驱动的自主进化人工智能，必定具有相同的性质。这意味着，至少是通用人工智能的自主进化，只有在一个类中才有可能实现。

关于进化，凯文·凯利（Kevin Kelly）有一个重要的观点：（在生物学意义上）非群体系统不能进化。这应当是进化的一条铁律，至少是对于通用智能而言，进化只有在一个类中才可能进行。这个结论至关重要，即便并不是所有进化都必须在一个类中进行，但通用智能进化一定是这样。人工智能的通用化发展过程，一定是个体在一个类中的社会化过程，也就是人工智能的类化过程。通用人工智能一定是人工智能进化中类化过程——在某种意义上说，也就是人化过程——的产物，只是可能这种类化的层次在自然人类之上。

从通用人工智能自主进化的类亲历性，可以得到自主进化人工智能的类人特性，看到机器进化智能具有和生物进化智能同样的类人性质。

通用人工智能的类化途径主要有二：一是智能机器自成一类；二是融入早就以类的方式进化和存在的人类。由于在人类智能进化的基础上发生，通用人工智能自主进化存在人类学路径依赖，应当是自然而然的事情。这提示了一种重要的可能性：人类不用担心人性和智能机器特性的不相容，甚至机器智能体构成对人类的毁灭性威胁。如果人类要当心智能机器，那也是在要警惕人类自己相同的意义上。因此最具挑战性的问题不是来自机器智能毁灭人类的可能性，而是人机智能进化竞速。这方面，人机融合进化似乎是目前最大的可能。所有这些都表明，信息需要的研究至关重要。

对于人工智能的研究来说，信息需要研究的重要性，关键是关乎人工智能自主进化的内在驱动，因而不仅涉及人工智能自主进化的机制，而且由于智能体需要与其本性的内在关联，甚至涉及自主进化人工智能的本性——从而涉及人们目前对于人工智能发展的关切。而对于信息需要的研究来说，其重要性和迫切性却没有被充分意识到。

（二）信息需要研究的重要性和迫切性

由于信息的理解是更基础的任务，信息需要理解和信息理解的相互影响，决定了信息需要理解的重要性，这与目前关于信息需要的研究现状构成了强烈反差。

目前关于信息需要的研究远未引起充分重视，而仅就信息文明的现实发展，已经使人们意识到改变信息需要研究当前状况的必要性和迫切性。人们意识到，"对信息需要的忽视之所以不能再继续下去，具有充分而迫切的理由"，但对这些理由的认识还远远不够，大多局限于信息需求层面，主要是从需求层次讨论信息需要研究的重要性和迫切性。把信息需要作为信息需求研究和理解，信息需要及其研究的重要性就会被严重遮蔽。

在目前的研究中，信息需要和信息需求在人们观念中的未充分分化状态，不仅极大地影响了信息需要的理解，而且由此限制了关于人的需要本身理解的深化。而对人的信息需要的理解，对于探索人工智能自主进化的驱动机制至关重要。

在人类发展语境中，需要是人的发展层次的内在表现，因而人的需要就是人的本性。一方面，一个人的需要是这个人的本性的内在表现；另一方面，通过一个人的需要，能窥见这个人的本性。而需求则是需要的外在表达，这种外在表达表现为人的行为，行为指向具体的所需对象。这里涉及作为人的本性内在表现的需求和作为这种需求外在表达所指向的具体事物，涉及人的信息需要和物能需要一系列关联的系统理解。

在人的需要研究中，物能需要不仅处于基础层次，而且都是有形的。因此，从作为发展层次的需要到外部指向的具体对象，关系相对比较清楚。而由于没有在信息层次理解，心理需要和精神需要的描述都有特定局限，只能是抽象从而不同程度上笼统的，因而不会明显存在下述区分的必要性：作为人的发展层次的需要与作为其表现的对于具体对象的需求。这样，一方面由因尚未涉及更复杂内容而表现得较为简洁清晰，另一方面也没有进入对于人的需要的更深入分析和理解。在信息层次可以清楚地看到，信息需要和物能需要一样，从作为人的发展层次的抽象概念，到具有具体需求指向的具体事物，层次也呈现得非常清楚。从这一视域看人的需要，有利于进一步厘清信息需要和信息需求之间的关系，只是由于上述原因，在厘清之前反而感觉混乱了。

在广义智能进化语境中，由于既涉及人类智能体，又涉及机器智能体，"信息需要"和"信息需求"关系的更确切表述应当是：信息需要是智能体作为信息方式存在发展层次的内在表现，信息需求是智能体信息需要的外在表达。厘清信息需要和信息需求之间的关系，不仅是深入探索人的需要的重要前提，而且有利于发现信息需要研究的人工智能意义，明确其在作为人工智能自主进化驱动机制中的地位。

对于人类的生物载体来说，物能需要与我们在这个世界上生存的基础密切相关；而人类作为信息体，信息需要则与我们在这个世界上发展的基础具有更为密切的关系。正是在这个意义上说，人类信息需要与世界联系更密切。只有深入理解信息需要，才能不仅改变目前主要致力于信息需求，并在某种程度上遮蔽了信息需要研究的状况，充分理解信息需要的重要性及其研究的迫切性，而且通过从人类信息需要到一般智能体信息需要的研究，走进通用人工智能进化机制探索的更深层次。因此，信息需要研究的重要性和迫切性，不仅在于信息需要在深化人类需要理解方面具有重要意义，而且涉及包括人工智能在内的广义智能进化的驱动机制。

（三）广义智能进化的信息需要驱动机制

关于人工智能自主进化的核心机制，感受性和意向性是两个关键研究领域。而正是在信息需要层面，可以看到这两个领域研究的深入。

关于人的信息需要在人类意识进化驱动机制中的地位，科尔作了具有存在论意义的探索。他认识到，"我们所有真实信息需要的来源是我们信仰系统与我们周围世界的关系方面，特别是外部世界和我们内在的、与生俱来的、基于信仰的自我理论之间的'契合'或'不契合'。我们真正的信息需要与我们之外世界中的信息有关的自我认同，以及我们与世界保持平衡的人类目标有关。"信息、意识或心理进化的每一阶段都是具有不同的信息需要意向及人类和世界之间不同的信息流渠道。随着人类通过其认知发展阶段的进化，这种意向动力变得越来越强劲。正是"将信仰与意义意向的寻求和新知识的生产联系起来"，构成了信息需要的驱动，使我们成了越来越以信息方式存在的人类。

正是信息需要的驱动，才使人成为人，也就是说，人之为人，就因为信息需要的驱动；人之所以成为迄今拥有最高智能的信息体，就因为信息需要的驱动。物能需要的驱动使物能体（典型代表是生物体）发展进化，只有信息需要的驱动才能使信息体进化发展。

人之为人的信息需要驱动表明，没有信息需要的驱动机制，机器智能不可能自主进化，广义智能进化不可能形成。作为智能体的根本需要，信息需要涉及广义智能进化的核心机制。信息需要不仅是智能体进化核心驱动力的来源，而且是智能进化过程中信息有序化的根源。

信息需要作为广义智能进化的核心驱动力，集中体现在意识生成的信息需要驱动中。在信息体的进化过程中，总是先有信息需要，然后才有意识形成。科尔发现，"信息需要是人类意识的驱动力，包括它的进化。在数十万年的人类进化过程中，在我们的信息需要能力的驱动下，人类对我们周遭世界的信息变得更加通达"，正是由这一发现，科尔认识到，"信息搜索系统、信息需要的概念基础和信息搜索应当采取基于意识的视角。"作为心理进化驱动的信息需要，正是信息进化驱动力的最终来源。

1991年，进化心理学家梅林·唐纳德（Merlin Donald）提出了一种理论，将人类意识进化分为场景性心智、模拟性心智、神话性心智和理论性心智等四个层次。正是在唐纳德进化心理学成果的基础上，科尔导向了信息需要意识进化驱动的探索。他认识到，"我们的信息敏感意识是我们成为独特存在的基础"，因此根据唐纳德的人类意识结构的基本图式，把人类意识比作内燃机，从而把寻求需要满足活动中的意向称作燃料："个人在搜索信息时的意向，即引擎的燃料。"而"对意义的探索是一种更强大的燃料，助长了一种更强大的神话心智时间机器"。由此，科尔建立了一个新的范式，并在此基础上展开了信息需要意向及其性质的探索。他认为，"两个占主导地位的意向是对理解的追求和对意义的更有力的探索。"正是基于意向性层面对信息寻索的考察，科尔发现"信息需要具有激励性质"，信息寻索是一种体验世界的活动。而芬兰坦佩雷大学的里霍·萨沃莱宁（Reijo Savolainen）则认为，信息需要是进行信息搜索的开始状态或动机。它提供了整个搜索过程中的组织原则和驱动力，直到找到满足需要的信息。它是一种极其复杂和重要的"触发"和"驱动"机制，是信息搜索的基础。在科尔看来，我们生活中所有真正的信息问题或需要，那些会改变我们生活的重要信息问题或需要，都是由这种复杂的、框架外的信息需要驱动的。位于意识驱动信息需要 - 搜索模型核心的，是将信息需要和信息搜索视为一种引擎，其目标是搜索者的新知识产生。正是由人类信息寻索的信息需要驱动机制，可以清楚地看到人工智能自主进化的可能性和相应的重要基础研究领域。

信息需要不仅是人类行为，而且是进化的核心动力来源，涉及广义智能进化驱动的基本机制。作为广义智能进化的内在核心驱动机制，信息需要关系到智能体的环境适应。在这一点上，不仅机器智能进化和生物智能进化相同，而且在信息进化和智能进化中可以看得更清楚。而当前信息需要研究状况与人工智能发展之间的强烈反差，则使人们在人工智能发展和广义智能进化的驱动机制层次，更清楚地看到信息需要研究的迫切性。正因为如此，现在是在信息层次进一步深化人的需要的理解，进而系统理解信息需要以及作为广义智能进化驱动机制的信息需要的时候了。

第二节　信息收集与整序

一、信息收集

互联网文化数据呈现出的实时性、全面性、交互性、伴随性及整合性等特点，使人们享受到跨越时空、互动交流，带来极大生活便利的同时，亦给文化数据情报信息的收集和使用提出了新的挑战。

（一）互联网文化信息的特点

（1）数据量大。互联网在进行文化数据信息传播过程中的首要特点是巨大的数据规模，其中具有 80%~90% 的半结构化或无结构化数据，而且这一数据规模相对于结构化数据还呈现 10 倍到 50 倍的快速增长状态。因此，互联网文化数情报信息收集过程中需要面临的首要问题便是极为庞大的数据规模。

（2）数据类型多样。文化数据以互联网为传播媒介后，也使得文化数据类型衍生出了众多形式。例如，文本、图像、视频等传统数据和置标记、传感器数据、语音数据等新型数据。传统数据与新型数据之间的相互转换更增加了互联网文化信息的多样性。因此，面对类型多样化的互联网文化数据情报，在收集过程中需要采用更为广泛的技术手段，尽可能实现各类型文化数据信息的有效整合。

（3）价值密度低。互联网文化数据由于来源广泛，数据信息的真伪性无法得到有效保证，从而使得互联网文化数据情报的收集类似"沙里淘金"，需要将大量网络数据进行分类、整理、删选、甄别，然后再进行深度复杂的分析，才能获取极为有限的有用数据情报。

（4）数据更新流转速度快。互联网使得文化数据情报信息流转速度大大提升，使得传统文化数据信息积累到一定程度时的批量式分析转变为实时、动态分析。一旦未能及时掌握有用的互联网文化情报信息，则使其很快湮没在大数据的洪流中，失去了情报收集的有利时机。

（二）互联网文化信息的收集

互联网文化信息相比于传统文化信息其最为鲜明的特点在于数据量的庞大性，对互联网文化数据情报收集就是对数据的"大收集"和"大研判"。而正确的数据"大研判"建立在对数据的"大收集"基础上。因此，互联网文化的研判、利用首先需要对其进行数据信息的收集。具体而言，互联网文化信息的收集主要包括：互联网文化数据情报内容挖掘、互联网文化数据情报结构挖掘和互联网文化数据情报用法挖掘。

1. 互联网文化数据情报网络内容挖掘

在进行互联网文化信息数据收集过程重，首先需要根据互联网所呈现的直接文本、图像、音频等数据，获取有效的文化数据情报信息。通过对互联网文化信息数据的网络内容的挖掘，可以有效地获取当前社会文化发展趋势和热门话题。实现文化传播情报信息的精准化和动态化。

2. 互联网文化数据情报网络结构挖掘

网络结构挖掘是指通过网络的组织结构和链接关系中发现互联网文化数据的情报。其主要包括：超链接挖掘、内部结构挖掘和 URL 挖掘 3 个方面。其中，超链接挖掘能够反映文档之间的逻辑关系、内部结构挖掘能够获得情报之间的内部组织框架结构、URL 挖掘能够实现 URL 地址的聚合。通过上述三种手段能够揭示不同网页之间的相似度和关联度，发现主题相似或关联的网站群等，从而能够有效地获取相关文化数据情报。

3. 互联网文化数据情报网络用法挖掘

网络用法挖掘是指发现网络用户行为数据中有价值的知识的过程，其是用户与网络交互过程中抽取出来的二手数据，包括网络服务器访问记录、注册信息、用户对话或交易信息等。通过对文化数据信息的访问历史进行分析，从而推断出文化数据传播者的访问路径和访问偏好，进而形成网络用户活动的知识库，并可以对其未来的网络活动进行预测和干预。

（三）互联网文化数据情报的使用

随着互联网技术的不断普及和其应用范围的不断扩展，微博、微信、朋友圈等社交应用逐渐成为文化传播的重要途径之一。然而，互联网技术在为文化数据信息交换、传播带来便捷的同时，也为现代互联网文化数据情报信息的使用提出了挑战。例如，各种虚假信息、网上漫骂与人身攻击等问题的出现，极大污染、毒化了文化环境，对主流文化构成了威胁。如果不能及时对这些互联网文化数据情报进行有效的收集、分析和应对，极易产生重大风险隐患。为此，在当前的互联网文化数据情报信息使用过程中，需要注意如下几点：

1. 主动融入新的信息网络时代

在互联网时代文化信息传播极为迅速和广泛，互联网文化数据情报的使用过程中需要根据大众需求和市场变化及时进行更新。一旦出现新的文化情报信息，只要其符合大众需求，就应及时对现有文化体系进行补充和扩充。如果我们不正视现实，在观念、心态上依旧不为所动，故步自封，拒绝"落网"，那么必将陷入被动与尴尬境地，甚至所收集的互联网文化数据信息并不能有效发挥作用。

2. 强化情报"把关人"的作用

互联网文化数据虚假情报信息的泛滥，使得情报"把关人"的作用更为突出。其不仅仅需要对获得数据信息进行过滤、筛选，还要担当起监督的责任。一方面，需要加大对情报"把关人"的培养力度，使其能够在众多的虚假信息中发现有价值的情报，进而对其进行整合、消化和吸收。另一方面，需要扩大情报"把关人"的规模，实现情报信息甄别的多重把关，保证不遗漏有价值的信息。

3. 有效整合互联网文化数据情报碎片

互联网文化数据情报信息往往是碎片化、不连贯的状态，只有对这些文化数据情报碎片进行梳理整合、持久关注才能最终实现为我所用的目的。其中，梳理整合是要利用信息技术对互联网文化数据情报信息分门别类的整理、分析，还原信息价值的本质去伪存真、去糟取精。其次，对于有价值的互联网文化数据情报要持续关注、深入了解，变碎片时代的随意浏览方式为反复刻意关注，实现文化数据情报信息的量变到质变，更加深刻地理解和记忆碎片化的文化数据情报信息。最后，在上述两个步骤的基础上，进行自我加工、思考，融入自身的思维模式和体系，利用自身的方法论和世界观进行进一步的加工处理，实现文化数据情报为我所用。

在互联网技术愈来愈发达的环境下，互联网文化数据情报的收集和使用也呈现出的实时性、全面性、交互性的特点，这给文化数据情报信息的收集和使用提出了新的挑战。在这一背景下本节对互联网文化数据情报信息的收集和使用进行了详细分析。首先指明了互联网文化数据情报信息的特点在于数据量大、数据类型多、价值密度低、数据更新流转速度快；然后阐述了互联网文化信息的收集主要包括：互联网文化数据情报内容挖掘、互联网文化数据情报结构挖掘和互联网文化数据情报用法挖掘。最后，从主动融入新的信息网络时代、强化情报"把关人"的作用、有效整合互联网文化数据情报三个方面指出了互联网文化数据情报信息的使用。

使电子文件信息有序化，是电子文件保管的主要任务之一。电子文件信息整序，不仅为电子文件管理奠定基础，同时也是电子文件检索和提供利用的前提。

一、信息整序

（一）电子文件信息数据库

数据库是目前广泛流行的数据管理技术。为电子文件建立相关数据库并存入电子文件数据是电子文件信息整序的首要环节。

数据库（Data Base）是在计算机的存储设备上合理存放的相互关联的数据集合。每个数据库包含着一个或多个相互联系的数据文件，数据库中的数据有复杂的数学模型，具有共享性和最小冗余度，并通过数据库管理软件，在操作系统控制下，对其进行统一、合理的存取、管理和控制。对于一个特定的数据库来说，它集中统一地保存、管理着某一单位或某一领域所有有用的数据。

数据是对客观事物的符号表示，在计算机科学中是指所有能输入到计算机中并被计算机程序处理的符号总称。电子文件作为一种客观事物，在计算机系统中，是用各种数据来描述的。由于电子文件的不可视性，在利用中必须保证电子文件能够准确恢复，以特定的结构形式储存在电子文件信息数据库中。

1.组建电子文件信息数据库的意义

（1）电子文件信息需要运用计算机及其相关技术设备，在信息有序化的基础上对其进行科学管理。组建电子文件信息数据库可以集中、统一地管理电子文件内容及相关信息，并通过标引技术建立档案信息的有序结构，经过整序，构成电子文件信息数据库内有序的虚拟状态，形成存取电子文件的"文件库"，保持电子文件信息之间的有机联系。

（2）建立电子文件信息数据库，是对电子文件数据及其结构的确定，同时也是对电子文件著录、标引项目的确定和电子文件利用前数据的准备工作，是电子文件检索系统建立的前提。数据库是电子文件信息管理系统中最关键部分，计算机软、硬件的配置，目的就在于让利用者快速准确地从数据库中检索出符合要求的信息。如果没有数据库，一切管理系统、检索系统都将成为"无米之炊"。

（二）组建电子文件信息数据库应注意的问题

任何一种数据库的建立都有一个复杂的过程，包括数据库的设计、数据准备、建立数据库、数据库的运行和鉴定验收等环节。就电子文件信息数据库的建立而言，应注意以下几点：

档案数据包括电子文件内容信息、背景信息、元数据和识别文件。

内容信息。电子文件内容信息主要指具有有序结构的电子文件自身。同时，为了在检索利用中区分和辨别，还需要用一种简练的形式来表达电子文件的内容特征。电子文件的内容特征同纸质档案等传统档案一样，以档案信息处理语言及其词语（如档号、分类号、主题词或关键词等）来表示。它们是通过标引获得的，也应包含在电子文件内容信息中。

背景信息。背景信息是确保电子文件的档案价值的关键要素。它一般包括电子文件形成目标、形成机构及其职责、形成年代、与其他文件的关系、形成之初的结构、形成和使用阶段的功能与活动、明显影响文件形成和维护的历史环境等。详细的背景信息可以作为检索工具，成为电子文件利用者正确理解与利用电子文件的必要保证。

元数据。元数据是对电子文件数据的描述，它包括电子文件的内容、背景信息和结构等方面的数据，是电子文件管理系统的"命脉"。

第三节　信息处理与分析

随着时代的不断发展与进步，科学技术的广泛运用使人们的生活、学习、工作的部分形态都有了一定的改变。尤其是计算机在生活中的应用越来越广泛，它作为一种新的工具，可以帮助我们更好地工作、学习，也为我们带来了更多的服务。但计算机运用更广泛的一面还是在日常的工作中，有了计算机的运用，一些信息化问题的处理确实方便了许多，时间效率也提高了很多，可以利用更少的时间去做好一件事情，而且对信息的储存和传输也更加方便和快捷。相对于纸质储存方式，使用计算机会更加环保。但是，随着计算机的广泛运用，也有不少人对其处理信息方面产生了怀疑，很多人认为在网络环境下处理信息是不安全的，很可能会造成信息的泄露；而且，目前社会也有很多黑客，会攻击计算机，窃取机要信息，也许还会给一些企业或是个人带来很大的损失。所以，在网络环境下如何正确地安全可靠地使用计算机对信息进行处理、储存，是现在人们需要探究的问题。

一、网络环境下计算机信息处理的优势

计算机的使用在很大程度上给人们的生活、工作带来了巨大的变化。在当前网络社会，用计算机去处理一些信息确实会提高速度和效率，而且与传统的信息处理方法相比，利用计算机分析问题、处理信息更加便利，能够打破空间上的限制，对于远距离的信息传输更加方便快捷，使工作省时省力。除了可以打破距离的限制，还有就是一些比较实际的、更加贴近人们生活的事情。例如，人们要找工作，计算机网络就可以提供一个很好的平台，其中各种各样的找工作的网站，给那些求职者带来了很大的就业机会，直接在计算机上查找企业信息，向人力资源部门上传或投递简历，既节约时间又节省金钱，对于求职者是个好的方法；另一方面，计算机信息处理系统还可以对求职者信息进行分类汇总，为企业寻找合适的求职者提供了方便，而且在网络上也便于人们对录取信息的查询。计算机网络的利用对当代学生也是一种便利，首先，在学习中对于各类学习信息的查询以及登录一些教学网站进行学习或复习都是个不错的选择；其次，各大高校的录取形式目前也是采取网上报名、网上录取的形式，大量的学生成绩管理是一个很大的工程，利用计算机对学生信息进行处理就方便得多，对学生个人信息和成绩的划分、整合只需要一个键或是简单的操作

就可以完成。此外，因为网络是一个相通的环境，所以才能更加方便地满足人们对各种信息的获取和利用，无疑对加强信息处理技术提出了更为严格的要求，这就需要我们不断针对现存的问题进行研究，确定在网络背景下信息数据受到的威胁，并采取各项安全技术进行管理。

二、网络环境下信息处理的隐患

（1）在网络环境下处理信息容易造成信息的外漏。人们在日常生活中或多或少都会接到一些关于推销产品的电话或是在电脑上、电视上了解到一些关于诈骗的信息和新闻，这些推销人员和诈骗人员都是通过不良的渠道获取了我们的私人信息。这也就说明，在网络环境下处理信息时也会造成信息外露的问题。这样一来，使私人信息处在不安全的状态之下，尤其是身份证上面的信息，很容易给自己和家人带来不安全的隐患。目前来看，现在网络信息技术已经融入社会发展的每个角落，与人们的生活息息相关，人们可以更方便地通过网络获取相应的信息，并且完成信息数据的共享。前几年有一种搜索叫作"人肉"，就是利用计算机网络来查找某人的个人信息，无论是肖像、家庭住址、电话号码、工作单位等信息都会一丝不漏地被找到。这是种很可怕的技术，当然具体来说这也是在网络环境下计算机对信息的一种处理方式，只不过不是正常程度，有时还可能触犯法律。

（2）无论是什么东西，都是有好有坏，这就是社会发展下的衍生物。部分计算机的内部软件也不都是正版的，有的商家为获取更高的利益，在计算机上安装一些盗版软件，而这些软件在利用方面，可能与正版的软件没有什么区别，但是当计算机受到黑客或是不良网站攻击的时候，其防火墙就会轻而易举地被攻破，可能会导致电脑中病毒，对于企业来说，一些很重要的数据、文件信息就会被黑客窃取，必定会造成很大的损失。

（3）计算机的操作程序十分严密。一般来说，我们使用计算机对文件进行整理、修改或是注册一个网站、保存一些资料后，都需要先点击退出按钮，然后再关闭网页，但是总有一部分人习惯性的省事，直接就把网页关了，而这种情况下，我们的信息还会留在计算机的后台中运行着，那么信息就会相对处在一种不安全的状态，就会造成信息的外露，很容易被其他人窃取或是盗用。这也就是说对计算机的严密操作技术我们要详细了解并且要一步一步按部就班地来做。以上都是从计算机自身还有人为的各个因素来讲计算机在进行信息处理以及利用时的安全隐患。更重要的是，我国的计算机安全管理水平与世界相比来讲还是比较落后的，处于发展中国家，计算机科学技术的软实力还在一个发展的过程中，总的来说，还没有一个比较先进的、比较完善的、系统化的信息安全管理系统。管理系统的不完善也是造成在网络环境下使用计算机进行信息处理的不安全因素之一。

三、提高在网络环境下信息处理技术安全性的方法和措施

要增强用户在网络环境下使用计算机的安全意识。在网络环境下使用计算机对信息进

行整合、处理储存的时候要增强安全意识，避免在计算机网络上浏览或者下载不安全信息，进入不良网站，如果不小心进入一些不良网站或是下载了不安全信息，无论是手机还是计算机都会有防火墙给予提示，这时要尽快退出，并按照防火墙的提示进行操作，绝不可以不听指示，这样会使计算机处于不安全状态。其次，在任何网站如果有陌生人发来邮件和网站链接，不要随便点开，也不允许私自转发给别人，因为这些信息大多都是不安全的，要尽快删除这些信息，不然也会导致计算机的卡顿。最后还有一点，刚刚说了陌生的信息，有时候我们也要学会辨别认识的朋友同学发来信息的真假，一些链接或是借钱的信息可能都是诈骗人员盗取了朋友的 ID 给你发的信息，要多一个心眼、多问一问。另外，这种诈骗的方式也可能以短信的形式发给你的家长，也要把这种方法告诉家长，及时辨别真假信息。不要使用盗版软件或者硬件。很多计算机容易受到黑客的攻击不是因为计算机的防护技术不够强大，也不是因为黑客的技术有多么了不得，而是因为某些盗版软件导致了在任何环境下使用计算机都是不安全的。因为，正版软件价格普遍高一些，某些商家便浑水摸鱼，使用盗版软件安装计算机，贪图一些利益；而一方面，人们因为贪图小便宜，就买一些盗版的计算机配件，其抵御病毒的能力太差，可能到最后沦为"捡了芝麻，丢了西瓜"的下场。所以，我们一定要选择正规厂家生产的计算机，确保初始环境的安全。这样就会降低黑客的攻击率，从而提高计算机处理信息的安全性。

计算机的发展给人们带来的利还是大与弊的，这一点我们要得到肯定，但是也不乏一些心存侥幸的不法分子，利用计算机的信息处理漏洞进行一些诈骗犯罪。所以，对网络环境下的计算机信息处理安全技术的分析是个重要的问题，它的完善将推动计算机网络的进一步发展。

第四节　信息检索与服务

在信息技术高速发展的今天，数字图书馆的出现是未来社会发展的必然趋势，也是未来社会的公共信息中心，它是一组可以由计算机技术处理和有序组织的信息总和。我们可以不分任何时间地点利用网络传输各类文献资源，远程指导读者如何获取想要的信息资源或者为读者提供他们所需要的信息服务。我们要赶上信息化时代的步伐，加快做好信息检索工作，为读者提供更好更快捷的信息服务。

一、数字图书馆的发展现状

（一）数字图书馆的产生

数字图书馆 Digitdl Library（DL）是一个使用数字技术处理和存储各种图形和文本节档的库。它本质上是用于多媒体制作的分布式信息系统。收集图像、语言、文字、视频、音像、视频软件、数据等高价值的多媒体信息，进行标准化处理，做好保存管理工作。它通过最先进的计算机技术不断扩大知识库，集合多媒体信息，建立数字化、网络化的信息体系，进而提供在互联网上高速的、跨库检索的电子存取服务，成为一个跨区域面向对象的网络查询和传播系统。数字图书馆是图书馆自动化的高级阶段，它将成为未来人们生活、工作和学习的重要平台和前提条件。

（二）数字图书馆的特征

信息资源数字化：信息资源数字化是现代数字图书馆的基础，数字是信息的载体，信息依赖于数字存在，没有数字化的信息资源，数字图书馆就成了无根之树。

信息资源的网络化：在信息资源数字化的基础上，数字图书馆的信息通过互联网把分布在不同地区和单位的各种文献信息数据库系统连接起来，使信息量不断增加，范围逐渐扩大，做好网络通信是建立信息资源网络化的关键，更对数字图书馆信息服务起到至关重要的作用。

信息资源多样化：数字化图书馆将更好地利用光盘数据库、电子工具书和网络信息资源，互联网是信息咨询工作最重要的资源库，它不但提供网络资源指南、数目数据库、联机数据库等信息资源，也使这些信息资源不再局限于几个图书馆的馆藏，随着网络可能成为全球的信息资源。

信息检索的自主化：数字化图书馆利用先进电子化设备查询已经加工分类存储好的相关信息资源，实现网络化、智能化检索，向读者展示各种生动、具体、形象、逼真的信息。

（三）数字图书馆建设的意义

数字图书馆构建的核心是以中文信息为主的多种信息资源，它会快速扭转互联网上中文信息缺乏的现状，构筑中华文化在现代互联网上的整体优势，充分展示我国悠久的历史文化。

数字图书馆的建设一是改变图书馆传统的信息收集、加工、检索、编制各种目录、索引、文摘等使用方式，借助网络技术、计算机科学技术、通信技术及多媒体技术等信息资源的有效利用，达到资源共享的目的；二是弥补图书馆馆藏资源短缺和图书期刊出版承压的现状；三是图书馆在倡导、组织和服务全民阅读方面能够更好地发挥其重要作用，图书馆员的职能和角色发生了变化，经过培训，他们将成为获取和整理信息的专家；四是转变服务模式和工作方式，为读者提供更方便、更有效的服务，满足读者的不同需求，使读者不受时间、空间的限制，获取各自所需要的信息资源，极大扩大了读者的范围。

二、数字图书馆文献信息检索探讨

（一）信息检索

文献信息检索是数字图书馆系统高效运营的关键所在，是指文献或记录的信息集合进行查询以检索出能够满足个人或团体信息需求或感兴趣的信息内容的过程，数字图书馆将所有文档信息存储在网络的某些节点上。在用户确定主题词或关键字和布尔逻辑之后，只需把它们正确输入到机器里，并键入开始检索的命令，机器就会在网上数字化文献中从头到尾逐个对照检索，只要一致，文献立即被选中，如果想要原文，还可以将相关文献信息套录到你的机器上，从而完成检索工作，这样检索文献信息不但方便快捷，而且准确率也很高。

（二）智能化信息检索

智能检索可以帮助人们在开发网络信息资源时"提取精华"，消除表面信息的干扰，从信息内容的角度寻找高质量的信息，智能检索是建立在一个或多个专家基础上的信息检索系统，读者需要做的是把他想做的事情传给计算机，以及如何做到这一点不需要人工干预，这意味着读者将完全摆脱烦琐的规则，智能信息检索是人工智能和检索技术的有机结合，其内涵在于检索工具具有学习、分析、辨别和推理的能力，所以智能检索技术的发展在未来具有相当大的潜力。

三、数字图书馆的信息服务

随着信息化时代的来临，数字图书馆也开始了网络信息化建设和发展，读者对图书馆的信息服务也有了更高的要求，他们不仅仅满足于简单需求模式，而是要求图书馆员不仅能管理信息资源，更要掌握网络知识成为信息引导员，对于图书馆员来说他们增加了对图书信息进行分类、标签、重新组合的工作。

（一）改善流通系统

现在图书馆虽然有计算机办理借还手续，但仍然是劳动密集型工作，读者需要亲自到图书馆来，在检索机上检索到所需要的图书，再到书架上找到图书，然后由馆员代办借阅手续，借阅时间到，还要到图书馆来还书，非常烦琐。随着数字图书馆的快速发展，网络和相关技术可以为我们开展工作提供更好、更有效的方式，因此应当改善原有的流通系统，使图书馆的流通服务由读者到馆办理手续向读者在网上办理手续转变，真正实现用户的自我服务。

（二）增添信息服务的特色

数学图书馆不仅仅是让我们能检索出有关文献，更优化了咨询、采购、追踪等服务。比如个性化服务，按着读者的想法，根据读者的自身情况，让读者获得他可能需要的资源，还可以根据读者的需求提供在线新书购建服务，图书馆定期分析处理这些构建需求，然后采购到读者所需要的图书，系统通过电子邮件自动通知购建的读者，让读者尽快获得他们需要的信息资源。读者借阅的图书快到期时，及时提醒读者续借，根据读者的需求，提供课题检索、跟踪检索、委托检索等。还可以提供参考咨询服务，我国有大量的图书馆在对参考服务器方式进行了一定程度上的尝试，例如通过电子邮件的方式来回答咨询问题，还可以使用匿名的方式来申请咨询或接受咨询，一改传统的面对面的方式，减少交流的约束性。

（三）建立新的人才管理机制

数字图书馆的服务已经从过去满足书刊的需求转变为满足知识和信息的需求。这就需要建立一支素质过硬的人才队伍，有计划地进行专业综合素质培训，要掌握网络、计算机、多媒体技术，不断提高知识导航的能力，我们的图书馆服务队伍既要有创新意识、优良的道德修养、思想观念，更要具备较高的技术水平，比如熟练操作计算机的能力和外语专业能力。现在是服务型社会、信息型社会，我们要有信息服务意识，努力学习信息化知识，利用计算机提高自己的信息化技术水平，树立正确的信息观念，用我们的专业知识和信息化知识服务好读者。我们要学会利用科学理论在烦琐杂乱的信息源中挑选、总结、分类，从而分析出新的动态。只有这样，才能完成文档信息资源的收集、整理、处理和传输。

第五节　信息传递与反馈

旧媒体或者传统媒体是传统媒体艺术沟通和表达的手段，这通常认为传统媒体的一部分产业是广播、有线电视、电影、音乐录音带、报纸、杂志、书籍及大部分印刷出版物。网络媒体是通过网络来传播的媒介；数字媒体是运用数字传输方式来传递信息；多媒体是通过网络能够融合文字、图像、声音等多种传统媒介功能。这种艺术形式已经规避了画廊和博物馆系统的传统优势，通过网络给予的审美体验。在许多情况下，观看者被带入某种具有交互作用的网络艺术作品。

一、当代网络艺术的发展

当今信息时代，人们面对社会信息化的浪潮，通过符号化和复制化来处理，并以此来分析种种社会现象；或用各种信息符号来传播新的知识，使各种新的信息获得迅速的增殖并得以扩散。网络艺术在信息时代下应运而生。

（一）网络艺术的背景

网络艺术运动在广泛发展的背景下产生，因此，网络艺术是一个重要的里程碑网络，在艺术史上具有重要的意义，而不是一个具体的流派。网络艺术运动的早期包括国际激浪派和前卫流行运动。

（二）网络艺术发展

网络使世界各地的人们分享信息，尽管这些信息可能是为本地用户或特殊用户设计的。

从艺术作品，网站专有信息的互动作品，现在设计师必须表达各种的概念，给予全世界的人，无论这些人使用相同的语言，具有相同的审美和文化了解常见。

二、实时信息反馈的特点

实时信息反馈是在运行和计算，是指以时间的引入，由自动数据处理或网络传输，当事件的发生时，利用该运算处理后的数据，达到显示或反馈和控制的目的。对于管理控制工作中的信息反馈来说，它是根据管理过程和技术而组织起来的在生产经营活动中产生的，并且经过了分析整理后的信息流或信息集，它们所包含的信息种类繁多数量巨大。在信息时代，人们生活在眼花缭乱、高节奏的信息浪潮中，身处不断"复制"的工作环境中，并由此而形成了一种具有普遍性的社会心理，即希望社会各部门以最快、最明确的方式让人们获取到最有价值的信息；这就要求把一切东西和行为都简便化，一切事物都集约化、一切活动都高效化。在这种社会心理的驱使下，人们的行动不需要太多理性的逻辑思考，而只急需那种随时能够应付急剧变化的、能够高效地对信息的感受和处理能力。

三、网络艺术与实时信息反馈的结合

网络艺术家进行创作的方式和手段变得更加多元化，但从根本意义上讲，所有的这些以网络为媒介的当代艺术创作其核心都离不开互联网进行，以观念表达为核心及实时信息反馈给艺术注入新鲜活力。

作品"The goal of CNN's Ecosphere"是一个在线可视化网站，其形式是交互式 3D 地球仪，被称为"茂盛的数字生态系统"以非常相似的植物和树木自然的外观。在参与中，3D 生态圈的虚拟植物生长被标记为 #COP17。每个参与者讨论关于气候的变化的特定主题，能够使生态圈中的植物生长。实时的信息反馈支撑着此作品在互联网中"活"下去，而制作者的创作观念是让全世界的参与者"看到"气候是如何变化的。

艺术家评论家苏尼加在 2002 年创作了《每日死亡的大字标题》，其网络艺术是显示 1000 个人形图标，每个图标代表一个人。从 2002 年 6 月 15 日开始，纽约时报报告每死亡一人，新图标将被替换的图标代表死亡。如果是非正常死亡，图标出现下面的标题链接的死亡有关的报告。到 7 月 26 日，原有图标全部被标明死亡原因的新图标所替换，死亡原因有汽车炸弹、自杀爆炸、枪击、火灾、地震、癌症等。在这里，观众是接受主体，工作本身是与外界的主要环节，是作者的主体是不存在的，然后实时信息反馈起着关键的作用。

STOC（股票行情自动收录轨道比较）是一个交互式,实时信息反馈的数据可视化网站，使用隐喻的行星系统，地图参数标准普尔股票的动画视觉输出。图中直接比较成百上千的股票，通过各种个股参数映射到轻松的视觉输出。

此网站通过可视化和实时的数据，比较不同项目，从而最快最直接选出合适的项目，达到参与者的要求和目的。

由此可见，我们已经进入了一个艺术表现方式得以更生动和更具参与性的新时代，我们将有机会以截然不同的方式，来传播和体验丰富的感官信号。实时的信息反馈使我们参与作品其中，并即刻得到我们想要的信息。

四、实时信息反馈的网络艺术现状与展望

虽然网络艺术家被技术的乐趣所吸引，导致艺术家沉迷于制造新技术的各种虚拟效果，而忘记艺术的本质。当前中国网络艺术发展的瓶颈，许多作品表示仍在制造交互式虚拟视觉和虚拟互动体验，没有满足的参与者，让观众得到的信息。

以上所见，在网络艺术中，艺术与技术须建立起良性的互动关系，在艺术创作中也必须纳入技术因素，实时数据可作为艺术创作的技能和手段，增强作品的表现力，丰富了艺术的内容，更新了艺术的观念。实时数据和信息反馈使网络艺术迅速普及及大众化，高度互动性的创作平台将使艺术家通过简单的鼠标单击与拖多完成创作，艺术家可"零距离"地与观赏者传达艺术、表演艺术及交流艺术。

第六节　旅游管理专业信息碎片化与案例教学法

在如此内外交困的情况下，能够保持本科院校旅游学科特点的出路似乎只有一条，即宽基础＋专攻＋综合＋实践能力。也就是说，在学生培养上努力做到使旅游专业的学生在宽泛的多学科知识的基础上对某一领域具备突出的专业能力和实践技能，同时具备别的专业学生所不具备的跨学科和符合社会实际的综合交叉分析判断能力。只有这样才能解决"样样通"往往"样样松"的困境，旅游专业毕业生才会具有比较优势。为实现这一转变需要教学目标、课程设置、教学方法等多方面的改进与努力，而在教学方式上对上述目标具有极大促进作用的手段之一无疑就是案例教学法。

但是目前旅游管理专业毕业生就业难，转专业就业以及硕士、博士招生时导师不愿意接收旅游专业毕业生等问题普遍存在。究其原因，一方面导游、服务生、前台等职位不具备高等学历或理论知识的人也可以胜任，并且旅游专业的毕业生虽然在大学学习了不少理论知识，但在实际管理实务与操作技能方面，却又不如高职高专院校培养的毕业生。另一方面，旅游专业毕业生大学四年的课程虽然涵盖了管理、经济、政治、文化、历史、社会、中文、外语、传播，网络、市场、营销、策划等非常广泛的领域，但是到了具体某个岗位竞聘的时候，以上各专业的毕业生在各自的专业领域又比相对"略懂"的旅游专业毕业生具有明显优势，这也是硕博导师组建研究团队时淘汰科班出身考生的重要原因之一。另外，旅游行业中需要深厚的专业功底和丰富的实践经验的高级管理和策划岗位，一般本科生又

是无法企及的。由此种种致使旅游管理本科生就业选择范围日渐狭窄，长远来说必然会使旅游管理专业学生及教师失去信心，最终影响学科发展的后劲。作为朝阳产业的一门热门学科，本科院校的旅游专业急需一条摆脱目前困境的道路，而想寻求这条出路则必须从了解自身专业特征出发，明确专业目标与社会需求的关系，进而确定下一步的发展方向。

一、旅游管理专业的学科与教学特征

总的来说，旅游专业具有综合性、交叉性、实践性和时效性等学科特点。由于旅游产业包含了诸如旅行社、景区、交通、运输、饭店、宾馆等多种行业，因此从事旅游服务行业的专业人才的知识体系就必然要涉及经济学、政治学、历史学、法律学、地理学、文化学、心理学、社会学、统计学等多种学科，以便使旅游从业者或研究者在实际的业务操作实践或研究中能够以跨行业、跨学科的横向视野综合考虑相关因素来思考和处理问题并找到最优的解决方案。

从纵向来说，旅游专业不仅需要不断地随着社会及旅游产业的发展更新自身专业体系与理论，而且需要积极吸收多种相关学科专业的最新发展为我所用，从而促进自身的进步与完善。这就要求旅游管理专业在知识理论体系以及教材方面不断更新换代。而且随着全球化与行业多样化的发展，本科院校培养的旅游人才要适应市场就必然需要具备多学科交叉思维应用和与时俱进的能力。

与自身专业特点相对应，旅游专业的教学方法也就具有了多学科性、方式多样性、实践性等特征。一般来说旅游专业课程包括旅游学、旅行社经营管理、景区经营管理、旅游英语、政策法规、旅游规划与开发、饭店管理、心理学、经济学、市场营销学、信息系统管理、高数、企业会计、餐饮经营管理、导游业务、地理学、旅游文化学等必修课程以及美学、历史、礼仪，计算机、摄影等辅修课程。其中，诸如旅行社管理、景区经营管理、导游业务、饭店管理、旅游规划与开发等课程不仅需要理论学习，还要有解决实际问题的能力，而像前厅与客房管理、餐饮管理、旅游服务礼仪等课程讲求很强的实践操作技能的培养。课程的多样性就使得旅游专业教学方式从课堂理论讲解，课堂讨论、课程论文、实训室模拟等，到实地考察体验、现场实践、工作实习等不一而足，以实现学生对多个学科知识的多层次、多视角的比较与分析，能够以开阔的视野，全面而且深入地理解和运用所学相关专业知识。

由此，本科院校的做法是一方面向学生讲授多种学科的基本理论，另一方面对学生进行旅游服务所需的各种实践技能的训练。目前很多院校建立的各种实训室、实习基地、校企合作等，甚至有些大学在校内进行产业化的半学习、半工作的办学模式，比如国内的上海师范大学大学旅游学院、美国的由希尔顿饭店集团创始人康拉德·希尔顿捐资创办的得克萨斯州休斯敦大学希尔顿饭店学院。教师和学生同处在饭店运营的环境中进行教学和学习。

在这样的专业特性和教育体系下培养的本科生应该是既有广博的理论基础以及比其他专业学生更广阔的跨学科视野,又有很强的实践操作技能。但是,由于知识信息的碎片化,旅游专业学生普遍存在"样样通"而"样样松"的现象,使其在人才市场上却不具有明显优势。原因很简单,一个人的时间和精力都是有限的,在同样的大学四年内,学习十个学科知识想达到甚至超过其他人只学一个学科掌握程度,还要对各个学科融会贯通,同时具备较强的实践技能,其结果是不言而喻的。然而对于本科旅游专业来说,一方面,多学科理论与实践技能缺一不可;另一方面,如果走技能培训的道路则失去了与专职院校的差异性。

应用 SEC 储量评估结果在计提资产折耗等方面的应用已经进行了数年,然而,依此计算的各油气生产单位油气资产折耗率存在一定的差异。折耗率过低,导致部分资产最终不能进入成本,不仅虚增部分利润,而且影响到固定资产的再投入计划编制;折耗率过高,导致当期利润大幅度减小,带来管理风险。在应用 SEC 储量评估结果计算资产折耗中,可以用其他资产折耗计算方法与之进行对比,对 SEC 储量评估结果进行反馈,使之反过来约束 SEC 储量评估工作。

二、案例教学法及其优势

案例教学法是指以案例为素材,在教师指导下运用多种方式启发学生思考,对案例的实际问题进行分析,提出见解,做出判断,从而提高学生分析、解决问题能力的启发式教学方式。美国的哈佛法学院院长 Christopher Columbus Lang dell(克里斯托弗·哥伦姆布斯·朗戴尔)于 1870 年创立了判例教学法,即案例教学法。直至 20 世纪 40 年代,案例教学才初具规模,形成了包括选题、编写、应用等环节在内的完整的案例系统。到了 20 世纪的 60 年代初,美国就开始在旅游专业教学过程中使用案例教学方法,并对案例教学方法进行了全面的研究分析与梳理。之后,国外有许多国家的旅游院校如法国、加拿大、瑞士、英国以及澳大利亚等相继将案例教学法全面引入旅游教学与实践之中。由于案例法教学不仅能够促进教师与学生的互动,真正做到"以学生为中心",在课堂上提高学生与教师的积极性与参与度,而且使学生把理论与实际社会联系起来,通过实际运用来巩固和深入理解所学知识,取得了很好的教学效果。后经多年的发展,案例教学法广泛应用于经济、管理、教育、医疗、法律等学科领域,积累了丰富的经验,并建立了很多相关的案例资源库。

良好教学效果的取得是由于案例教学法具有传统教学法所不具备的一些优势。首先,从教学形式上来说,案例法教学相对于传统的教学方式更加具体,对知识点的呈现更加直观而生动,使抽象晦涩的理论和规程变得简明易懂,使学生对授课内容更加容易记忆和灵活掌握。正如著名实验心理学家赤瑞特拉(Treicher)发现:"一般人能记忆自己阅读内容的 10%,自己听到内容的 20%,自己看到内容的 30%,自己听到和看到内容的 50%,在交流中自己所说内容的 70%"。其次，从课堂气氛上来说，案例法教学相对于传统的教学方式更加有利于促进师生的互动，形成活跃的课堂氛围，从而激发学生的积极性与参与欲望。最后，从教学效果上来说，案例教学法通过让学生综合运用所学知识分析案例，解决实际问题，使学生能够真正获得思考、判断和处理现实问题的能力，学以致用。这里需要补充的是，实践性的教学也是一种案例教学，比如做床、摆台等，因此案例的本质是直观具体应用操作演习。

总的来说，案例教学法的直观性、参与性、启发性以及实践性等特点不仅大大提高了学生的学习兴趣和求知欲，而且能够培养和提高学生自主学习、独立思考、团队合作、协调沟通、表达应变、综合决策、心理素质等多方面能力；同时，可以使教师在教学实践过程中了解学生知识掌握情况并发现存在的问题，从而能够做到因材施教，有的放矢，刚好符合了旅游专业的学科特征和培养目标。

三、本科院校旅游专业案例教学法的实践方向

我国高校的旅游管理专业已普遍采用案例教学法，也取得了很好的成绩和效果，但是由于存在一些诸如旅游案例研究不深入，没有建立系统化的旅游案例库，案例本土化不够，案例更新不快，案例来源渠道狭窄，案例的加工不足等问题，教学效果不佳。

实际上案例的搜集、整理、加工很多都是一线教师在做，本身时间精力不充裕，加之力量分散，而且既有专业知识，又具有丰富的专业实践操作经验的"双师型"教师又比较缺乏，使得课堂上使用的案例质量很难得到保障。同时，案例教学法在实际应用当中部分教师习惯于传统的灌输式教学，对案例教学认识不清。课堂教学方法手段陈旧单一，与传统"填鸭式"的授课差别不大，师生之间的交流互动不足而无法激发学生的参与热情。

显然，为获得更好的教学效果就要从案例本身以及案例应用两个方面入手来解决以上问题。第一个方面要提高案例质量。整合学科与社会力量，建立一个科学、系统、全面的案例库。该案例库首先要涵盖所有旅游专业课程，并在每一个领域和知识点上做到数量充足，同时既要有单个知识点的案例，也要有多个知识点的综合运用的案例。以便教师在实际应用当中拥有较大选择余地，从而提高针对性。案例在搜集、整理和归类以后还要进行适当的"再加工"，即将现实案例通过一定的改编，去掉不相关的内容，增加必要内容，使之更加适合课堂教学，提供可操作性。案例库除了要涵盖国际国内的典型案例，还要适当提供一些具有本土性的地方案例。这样会使学生更加有共鸣，更加容易接受和更加具有实践参考意义。案例库要做到适时更新，以跟上时代和专业发展的步伐。另外，案例库可以以网站或出版物等商业模式进行运作，以达到保证质量和可持续发展的目的。第二个方面要提高案例利用质量。首先为了使案例真正起到应有的作用，要根据培养目标和教学内容的不同，以及学生的特点和接受程度选择不同的案例。区分使用以理解和巩固某一知识点为主的案例和综合运用多个知识点的案例。前者类似于举例，后者可拓展为结合现实社

会现状与实际问题的案例分析与讨论。

其次为了让学生有切身的参与感、真实感，使其能真正面对现实问题，并通过自己的独立思考和团队协调掌握如何周全地解决实际问题，案例教学的方法手段要多样化。课堂上的小组讨论、辩论比赛、角色扮演到课外的参观座谈，实践调研、项目策划等方式都可以尝试。另外，案例展示方式的多样性，如文字、图片、视频、演讲等也很重要。

再次为了提高每个学生的参与积极性及其在语言表达、思考创新、团队协作、应变与实践等能力，要将案例参与方面的成绩纳入总评成绩并加大比重。同时合理划分个人与小组成绩比重并鼓励和尽可能保证每个学生都有所展示，避免形成某几个人的个人展示。

最后为了提高一线教师利用案例的能力，要建立教师培训制度。除了以专题讲座、集中学习等形式使教师掌握科学的案例使用方法，还要让教师走出去，即让一线教师到景区，饭店，旅行社等进行实地调研，或直接在相关行业挂职。从而能够更好地深入理解案例，利用案例来理论联系实际，进行交叉与拓展。

旅游管理专业知识信息的碎片化，使得学生的知识结构庞杂而不精深。而走出"样样通样样松"困境的出路是广博的知识面基础上的专攻以及综合运用和实践操作能力。也就是说旅游人才的知识结构应该是"T"字型结构，"T"字型的"I"主要是指纵向知识，指旅游专业理论和技术应用，而"T"字型的"一"主要是指旅游专业理论和应用。而案例教学法能够对专业理论知识进行深度和广度的全面考虑，是实现"T"字型人才培养结构这一目标不可或缺的环节。

第五章　信息系统管理

第一节　信息系统管理概述

在信息化时代发展背景下，通信技术手段更加多样化。在网络信息系统的作用下，人们的生活、工作发生了巨大变化。而无线移动网络、信息媒介及手机终端等先进技术、工具的出现，为大众的日常生活带来极大的便利。但大众在享受通信的快捷便利的同时，也面临着网络通信安全问题。要想使先进的信息系统与网络通信技术的应用优势得以充分发挥，就必须提升网络通信服务质量，保证运行服务的安全性与可靠性。基于此，本节在对信息系统管理工作内容进行简要阐述的基础上，分析了信息系统与网络通信存在的安全问题，最后重点探讨了信息系统管理与网络通信安全的优化对策。

一、信息系统管理的工作内容

一般而言，信息系统管理工作主要包含以下内容：

第一，在策略模型的作用下，确保信息安全管理质量。在网络通信中，策略模型对其安全与稳定运行产生着重要的影响，确保其对外界因素的抵御效果。从工作性质来看，根据信息类型的不同，将其归属于相应的信任区域中加以管理。

第二，通过建立防御机制，确保网络通信安全。从防御范围来看，防御机制主要针对信息系统内部隐患及信息系统外部攻击。在正常运行中，信息系统管理员之间通过不断交流与合作来共同抵御外界攻击，保证系统的安全运行。

第三，信息系统内部机构相互制约与协调。信息系统管理体系涉及系统管理员、审计员与安全管理员的工作，在相互协作与制约中，维持信息系统管理的顺利进行。

二、信息系统与网络通信存在的安全问题

（一）信息系统管理问题

信息系统管理问题对网络信息的安全传递产生着直接的影响。当前，信息系统管理机构配比欠科学，过于关注信息系统软件与硬件的管理，而忽略了人员配备。当发生网络通

信安全问题时，未有效规范信息系统管理，使信息安全问题得不到妥善解决。另外，信息系统安全管理机制也存在一定的问题，对信息系统的安全性与便捷性产生不利影响，进而影响其应用价值的发挥。

（二）网络通信安全问题

网络通信安全问题的产生，从很大程度上受系统外部因素的影响。当前，网络用户数量庞大，再加上用户的安全防护意识不强，如果系统防御入侵制度不健全，就很容易受到黑客的攻击，进而无法保证通信安全。另外，信息系统对于用户访问的控制不严，USB 设备在使用过程中容易导致计算机系统受到病毒的侵袭，木马程序窃取计算机内的重要数据与信息，进而导致用户个人信息的泄露。

三、信息系统管理与网络通信安全的优化对策

（一）加强内部监管

一方面，对硬件设施加强监管，完善主机系统、网络路由器、交换机设备、存储媒介、光缆线路、光盘工具及硬盘等硬件设施资料，避免因硬件设施问题对信息系统的正常运行产生不利影响。

另一方面，加强对局域网的监控与管理，保证信息系统服务的有效实施。通过动态跟踪，及时应对各类事件，在网络监视作用下，明确判断网络通信安全隐患，准确定位通信安全故障点，有效管控网络访问范畴。

（二）完善防火墙系统配置

在对防火墙系统工具的选择上，应选择可信度高的知名品牌，确保已获得权威机构认证，并已经通过专业测试。当前，网络系统环境复杂，病毒的入侵与传播速度非常快，仅仅依靠单机防病毒工具是无法保证全面预防网络病毒的。因此，针对网络通信系统内潜在的病毒攻击点，应加强对防控病毒软件的布设，完善防病毒体系，及时升级软件，为网络通信系统的安全运行提供保障。针对已受病毒侵袭的网络通信系统则应中断网络传播，对查杀病毒软件工具进行及时更新与调换，针对不同计算机病毒安装专门的处理软件，进而保证网络信息系统的安全运行，避免受到病毒的进一步侵袭。

（三）增强用户的安全防护意识

在信息系统的安全管理中，要想保证通信安全，就必须规范用户的操作行为，增强安全防护意识，具体应从以下三点着手：

第一，增强用户的安全意识。加强对用户的网络安全教育与宣传，使其掌握更多的计算机网络安全知识，并能掌握基本的网络安全问题预防与处理方法。

第二，规范网络操作行为。在网络操作中，用户应注重对重要信息的密码设置，实施信息加密，对个人账户、信息进行保护，保证个人资料的私密性。

第三，提升计算机应用水平。加强对用户的计算机专业教育，使其正确掌握计算机的应用方法，提升计算机应用能力，进而保障网络通信安全。

当前社会正处于信息化时代的发展背景之下，网络通信行业不断发展，规模日益扩大，信息传输速度不断加快。可以说，当前信息应用传输已经进入全新的阶段，在为人们的生产生活带来极大便利的同时，也带来了一定的网络安全问题。为了保障人们的网络通信安全，必须加强信息系统管理，及时、有效地解决信息系统问题，提升系统运行质量，进而为用户创设良好、安全的网络通信环境。

第二节　信息系统工程

随着现代化信息技术的快速发展，计算机网络技术信息系统工程在我国煤炭产业应用得越来越普遍，为我国煤炭产业的发展提供了强有力的支持。本节对计算机网络工程与信息系统工程进行了深入的分析和探讨，从而保证其能够更好地服务于煤矿产业。

一、计算机网络信息系统工程的简要概述

现阶段，计算机网络信息系统工程仍然没有一个明确的概念，同时也没有一个完整的衡量评价标准体系。但是计算机网络信息系统工程包括管理体制、管理机构以及管理行为等方面的内容，因此计算机网络信息系统工程属于一个综合性的概念，并不是一个单独的软件系统，同时由于其对系统的质量标准有一个全面的体现，从而使计算机网络信息系统没有一个单纯意义上的定义。

由于在信息系统建设的过程中，人占据着主体的地位，因此信息系统质量也可以依据人的重要性分开发方、管理方、用户方3个方面来对计算机网络信息工程系统质量进行定义，其中开发方主要包括进行信息系统设计、开发的技术性人员，其主要是具有计算机信息软件方面的相关知识；管理方主要是对计算机网络信息系统进行相关的管理，以保证计算机网络信息系统的开发和稳定运行；用户方则主要是指系统的全部使用人员，这些使用人员决定着信息系统的质量需求。

二、煤矿产业中的计算机网络信息系统工程

（一）煤矿计算机网络信息系统工程实用性的标准

美国人因工程学会主要将信息系统可用性分为效率、记忆、学习、错误以及满意程度这五大属性。简言之，所谓可用性就是指效率高、成本低、出错率低及使用舒适。信息系统的建设不仅提高了个人或者整体的工作效率，而且控制所需成本的增加。由于信息系统的最终使用者是人，因此在信息系统的设计过程中注意"以人为本"的设计理念，从使用

者的需求出发，从而设计出简单易学的信息系统工程方案。出错率低主要是指在设计过程中符合人们普遍的使用习惯，从而能够最大限度降低使用者在使用过程中出错的可能性。舒适度主要是指使用者对信息系统的使用感受，通过使用者的反馈开展进行信息化建设。因此计算机网络信息工程的可用性标准主要是"以人为本"。

判断一个产品是否好用主要取决于这个产品的服务对象，不同的使用者有着不同的判断，因此在信息化系统建设过程中需要建设不同的可用性标准，这也是"以人为本"的集中体现。可用性工程的核心主要是以使用者为核心，在设计实施标准、方法以及标准等方面突出使用者的核心地位，从而能更加有效地对信息系统的可用性质量做出评估，同时还可以弥补常规开发方法的不足。

（二）煤矿计算机网络信息系统工程质量控制原则

对于煤矿业来讲，为了提高信息化建设的成功率及实效性，就要在信息系统建设过程中注意质量的控制，要想在煤矿业的信息系统建设过程中实现控制质量的目标，就要遵循以下原则：①事先控制。对于煤矿行业而言，信息系统的建设具有高投入的特点，如果因为质量问题而影响工程的变更则会带来极大的投资浪费，同时还会造成工期拖延。因此，在建设煤矿计算机网络信息系统的过程中，要建立完善的质量控制标准，在系统的设计阶段通过对使用者需求的探讨，及时发现系统在分析过程和设计过程中的不足，并对其进行及时处理，从而在信息系统建设之前预防质量问题的出现，科学性地设计煤矿业计算机网络信息系统。②分阶段控制。煤矿业计算机网络信息系统的建设需要根据用户的具体需求进行深入考察，是一个不断创新的过程，具有显著的过程性，因此信息系统工程的质量控制应该分阶段进行。针对煤矿业计算机网络信息系统，其系统的集成商主要是以系统的整体质量为依据，形成各个工程阶段的质量目标，并且制定具体的质量控制措施，并通过各个阶段质量控制实现对系统整体质量控制的目标。③标准化控制。我国信息领域人员的不懈努力，使信息技术领域的相关标准大致形成，这些标准为我们建设高质量的信息系统提供了科学的依据。④符合用户的质量要求。由于用户是煤矿计算机网络信息系统的使用者，因此衡量信息系统质量一个最重要的指标就是对使用者需求的符合程度，信息系统的建设必须符合用户的使用习惯和使用需求。

计算机网络信息系统引入我国煤矿业后，不仅提高了煤矿业的工作效率，同时还增强了我国煤矿业在国际上的竞争力，为我国的国民经济发展提供了有力的支持。本节主要对煤矿业计算机网络信息系统进行了深入的分析和探讨，以期为煤炭行业信息化建设的健康发展，提供借鉴和参考。

第三节　信息系统资源管理

自 2016 年 1 月至 2017 年 6 月，参加了 ×× 省 ×× 行业的商业管理信息系统建设，任命为项目经理。该项目为 ×× 省 ×× 行业商业核心业务系统，投资金额为 900 万元，工期一年零六个月。该系统主要功能包括：订单采集、CRM、货源管理、营销管理、物流配送、终端 APP 及决策分析。系统功能之多，若想顺利完成该系统的建设，项目团队至关重要；因为项目建设中所有的活动都是由人来完成的，因此在项目管理中，"人"的因素至关重要。如何充分发挥人的作用，使团队成员达到更好的绩效，对于项目管理者来说是不能忽视的任务。项目的人力资源管理就是有效地发挥每一位参与项目建设人员作用的过程。下面就该项目的建设，从规划人力资源管理、组建项目团队、建设项目团队和管理项目团队方面浅析信息系统项目的人力资源管理及做法和心得。

一、规划人力资源管理

项目的组织情况将直接影响到项目建设的结果，一个成功的项目必有一个好的紧密的组织作保障，该组织需要有统一的目标和统一的管理。如何做到项目组织的有力保障，制定一份良好的人力资源管理计划将是必要的前提。借鉴公司组织过程资产中建设内容类似且成功项目的人力资源管理计划，在此基础上，召开该项目的人力资源管理规划研讨会，确定该项目所需的专业技术人员，形成该项目的组织结构图，明确该项目的组织人员结构；将 WBS 和项目组织人员建立映射关系，明确项目组织人员的工作内容和职责，形成责任分配矩阵 RAM。

二、组建项目团队

作为项目经理，落实项目人员将是组建项目团队的重点工作。根据研讨会形成的结果，与公司的人力资源管理部门进行了充分的沟通，了解到公司资深程序员资源紧张，系统集成工程师暂无资源，其他方面人力资源充足。不满足的人力需求可通过面向社会公开招聘的形式进行引进，考虑人力成本及公司的可持续发展，经讨论和协商，资深程序员配置3名，面向社会公开招聘计算机、软件工程相关专业应届大学毕业生 6 名作为普通程序员，公开招聘 1 名工作经验丰富的系统集成工程师。人员招募到位后，项目团队正式形成。配置好资源日历，以电子表格的形式展现出项目每阶段需求的人员，将该文件以电子邮件的方式发送给项目组每一位成员，并确认每位成员已查收和阅览。

三、建设项目团队

项目团队组建后，成员之间有的根本不熟悉，更不了解彼此的工作方式，为提高团队的协作能力、凝聚力及工作效率，召开项目组成立会议。会议的召开，不仅是使成员相互认识，更重要的是使每一位成员都清楚自己的工作岗位、内容和职责，公司的规章制度以及办事流程，提示每一位成员须团结一致，服从领导，共同完成项目的建设。

由于代码实现小组新进 6 名程序员，观察发现该小组的技术水平和能力严重的参差不齐，这势必将影响到项目的质量、工期和成本。针对新进的 6 名程序员开展为期一周的专项培训。通过培训，使这新进的 6 名程序员快速掌握代码编写规范及技巧，在最短的时间内胜任自己的岗位工作。

在日常的工作中，通过协作、奖励和认可的方法来创建富有生气和凝聚力的团队文化及工作氛围，以提高个人和团队的工作效率，振奋团队精神，促进合作；同时促进知识和经验的分享。在生活中，时常组织一些集体活动来促进团队成员之间的了解，增加团队成员之间的友谊，提高团队的凝聚力，激活活力，为项目的顺利开展夯实基础。

四、管理项目团队

在项目的建设过程中，如何管理好项目团队非常重要。对于该项目，主要通过绩效考核和加强沟通的方式进行。在项目建设后期，集成工程师在与 ×× 省 ×× 行业的信息系统基础平台集成时，出现基础平台信息调用失败，经过反复的多维度调试，仍不能成功，他将问题和责任隐含地指向质量保证人员，若日常的质量保证工作做好，不会出现集成时的卡壳，建议让质量保证人员认真检查系统。质量保证人员确认系统功能没有问题，是集成工程师技术水平有限造成，双方陷入僵局。作为项目负责人，此时需要主动出击，和他们进行一一交流，认真倾听他们各自对情况的述说及问题的考虑，充分掌握情况后，将两位拉到一起，从大局出发，为整个项目、整个团队，请他们先冷静下来，认真剖析前后利弊，让他们一定要通过全力合作来解决问题，不能互相指责和推诿，化分歧为共识，从碰撞中查找、分析问题。最后通过双方的共同努力，在 ×× 省 ×× 行业的信息系统基础平台供应商的协助下，很快锁定了问题的根源，并彻底解决，项目进度未受影响。

通过项目团队的共同努力，历时一年零六个月，在 2017 年 6 月份该系统顺利上线，圆满完成该项目的建设，并得到了双方单位一致的认可和好评。在取得一点点成绩和进步的同时，也要清楚地认识到自己还存在的短板，比如和团队成员的沟通还不够充分，聆听他们心声的时间给得还远远不够充足；有时管理有点教条化，不够机动灵活等；自己都将进行认真反思、总结经验教训，在今后的项目团队建设、管理中克服短板，以更高的要求和标准投入到下一个项目建设中去。

第四节　信息系统的典型应用

随着航空运输量持续快速增长，机场、空管等配套基础设施也在不断地建设和完善，先进的通信、导航、监视设备也被逐步广泛应用。管制综合信息系统是近年来空管局开发的新建系统，其采用刀框服务器和虚拟化网络技术将机场协同决策系统（Collaborative Decision Making，简称 CDM）、航班信息处理系统（Flight Information Process System，简称 FIPS）、塔台运行管理系统（Tower Operation Management System，简称 TOMS）等搭建在共用的硬件平台。管制综合信息系统的网络规模越来越大，管制工作对网络技术依赖日益增强，管制综合信息系统的网络信息的共享性和开放性给整个空管保障工作带来方便的同时，也存在着非常大的安全隐患。因此空管网络安全迎来了新的挑战，确保空管网络信息安全，保证空管网络信息系统的连续、可靠、正常运行才能保障民航航班安全正常飞行。该文将以海口本地情况为例，对管制综合信息系统因网络安全问题导致多台终端自动重启的典型故障案例进行分析。

一、管制综合信息系统简介

管制综合信息系统包含 FIPS 系统、TOMS 系统和 CDM 系统等子系统，三者共享硬件核心资源以及部分软件监控资源。

FIPS 系统主要为管制员提供实时的航班动态信息操作平台，可提供更完善、自动化程度更高的电报及航班信息处理、统计等功能。TOMS 系统以电子进程单为基础，集成自动化、场监、航班信息、气象等数据，实现全新数字化塔台管制模式，对机场范围航班从申请放行、地面滑行、跑道起飞到管制移交的航班飞行动态进行全过程管理。CDM 系统是一种基于资源共享和信息交互的多主体（空管、机场、航空公司等）联合协作运行的应用平台，用于建立公平、透明、高效的运行环境。其中 TOMS 系统和 CDM 系统以 FIPS 系统作为基础数据源，同步航班动态信息。

与海口管制综合信息系统存在互联的有自动转报系统、自动化系统、广州 CDM 系统、外联 CDM 系统、机坪移交等多套系统，系统之间虽然有部署天融信防火墙进行隔离，但仍然存在网络信息安全等隐患问题。

二、典型案例分析

在近几年的该系统运行过程中，运行状态稳定可靠，但也出现了一些典型问题，现对具有代表性的故障进行案例分析。

（一）异常事件现象

2018 年 11 月 30 日至 2018 年 12 月 15 日，海口管制综合信息系统多台终端先后出现了自动重启，异常终端涉及塔台、进近、区管等多个管制室，管制员观察到终端重启前弹出"mssecsvc.exe 包含 Generic.adm 特洛伊，已成功删除"和"关键系统进程 lsass.exe 失败，现在必须重启计算机"等信息窗口。

（二）异常事件影响

管制综合信息系统前台终端在重启期间，管制员无法使用前台终端，无法对飞行动态进行查看与更改，航班量大时对管制工作影响较大，但未造成管制方式的改变。

（三）异常事件分析

（1）经常查询自动重启的终端的 Windows 日志分析，发现异常的终端均有"关键系统进程 C：\windows\system32\lsass.exe 失败，状态代码是 c0000374。现在必须重新启动计算机"和"文件 C：\windows\mssecsvc.exe 包含 Generic.adm 特洛伊，未确定的清理错误，OAS 拒绝访问并继续"等错误报告。

（2）经查询本地 McAfee 服务器日志记录分析，发现之前多个终端出现 mssecsvc.exe 恶意软件，且已删除的记录。如图 1 所示。

根据以上两点信息，基本确认管制综合信息系统感染了"Wannacry 永恒之蓝"病毒，其利用此前披露的 Windows SMB 服务漏洞（对应微软漏洞公告：MS17-010）攻击手段，向终端用户进行渗透传播。

（四）异常事件处理经过

（1）在基本确认管制综合信息系统感染了永恒之蓝病毒后，通报中南网络中心获取技术支持。通过中南网络中心下发的最新的永恒之蓝补丁，对管制综合信息系统终端主机逐台打补丁和全盘扫描查杀，并且手动关闭了 445 端口。

（2）协调管制运行部禁用了塔台、进近及站调终端 USB 接口，仅留背面左边两个接口作为鼠标键盘使用，消除了因违规使用 USB 接口导致传播病毒的可能性。

（3）为了彻底清除隐患，协调广州光天科技有限公司工程师上门部署一台旁路的"深度威胁发现设备"进行病毒检测。发现管制综合信息系统多台终端和 Vcenter 等虚拟机仍然有病毒感染及高度危险的网络访问事件，检测结果如图 2 所示。

值班人员在中南网络中心工程师及广州光天科技有限公司工程师协助下对异常的虚拟机的操作系统进行了相应的操作系统升级和打补丁，并安装了 Mcafee 防病毒软件并全盘杀毒。

（4）"深度威胁发现设备"上线 2d 后检测到 33.11 和 33.12 两台机坪移交系统终端存在高度危险的网络访问事件，协调广州网络中心对异常的终端打补丁，并且在管综和机坪移交的防火墙上均修改了策略配置和关闭空闲端口。

通过采取以上处理措施后，有效地解决了感染病毒的问题。并且经过一段时间的观察，管制综合信息系统未发现有威胁事件的存在，如图3所示。

（五）异常事件经验总结

针对此次案例无论是从业务能力和管理上还是设备配置问题上都有一定的经验教训。

（1）异常事件的处理过程中暴露了值班人员业务能力存在短板的情况，导致问题的处理不够及时有效，应加强人员业务能力培训，提高业务水平。

（2）管理上，应继续加强落实管制综合信息系统的管理主体责任，持续对风险进行管控，进一步完善设备巡视维护内容，对于设备存在的问题做到早发现早处理，确保系统运行平稳。

（3）管制综合信息系统作为信息安全等级保护三级系统，在等保测评中发现的网络安全问题应加快推进整改工作，进一步稳固系统保障防护能力。

随着民航事业的飞速发展，空管系统的设备会越来越多，设备结构越来越复杂，管制综合信息系统将传统的多套系统集成一体，节省了大量硬件资源和人工成本，是空管设备不断发展的体现，同时对运维人员的业务水平要求也越来越高，运维人员应加强自身业务能力的提升，面对设备问题时能及时启动应急处置措施，有效解决问题，将因设备问题对管制工作的影响降到最低，从而为管制提供可靠稳定的服务。

第六章　组织信息管理

第一节　企业信息管理

信息化是高度应用信息技术，高度共享信息资源，以至于使得人的潜能智慧以及物质资源被充分发挥，令个人行为、决策能力以及组织运行逐渐趋近于合理的理想化状态。信息革命迅速发展，随之出现了"信息管理化"，信息资源管理和利用是现在受到人们的追捧，旨在为自己、为企业、为社会创造更大的财富。

一、企业信息化的必然

企业是信息化重要载体，面临着巨大的机遇和挑战。信息管理平台可以加快信息储存速度，提供数据的支持，加快企业决策进程，并且可以将信息共享到全球。所以企业信息管理已经成为必然。

二、企业信息管理实质

（一）企业变革过程的管理

改变企业的发展模式，进行信息管理，就意味是变革。企业在变革过程中管理显得尤为重要。首先，要有正确的变革目标，有正确良好的导向是前提条件。其次，是重要的领导核心，更新领导方式加强对信息变革，企业变革的重视程度，提高变革的有效性。最后，激励支持员工创新，为企业的发展提出"金点子"，创建全员参与的局面，共同奋斗为企业创造更大的财富。

（二）企业运作管理

对于企业而言，效率、效益是重要的问题，运用信息化进行管理是现在社会标志，也是提高市场竞争力的手段。建立多维的管理系统，对信息进行分析处理，从不同的角度进行参考，促进企业的高效运作。一个企业信息管理系统的成功与否在于其是否能够成为企业争取到竞争优势、提高企业的业绩、创造新的发展思路以及促进企业与外部各方面的沟通联系。

（三）信息技术、资源以及信息化实施的管理

技术、资源、管理是企业信息管理的三要素，一个做不好就不会给企业带来巨大的效益。信息技术上的选择、信息资源的利用、后续系统的管理缺一不可。选择适合的信息技术创建成熟的信息系统，将社会上的各种信息资源进行分析处理，进而在企业实施运作时起到良好的把控作用，实现企业的利益最大化。

三、当前企业信息管理普遍存在的问题

（一）软件选择的盲目性

需求的出现就意味着杂乱市场的出现。信息管理的热潮不仅影响原有企业，同时也增生各式的信息软件，现在软件市场上较为混乱，鱼龙混杂。在软件的选择与投资上企业存在盲目性，普遍企业不能选择适合自己发展的软件类型。并且软件供应商的经营模式使软件的选择上更加困难。企业在没有完全了解一款产品时就下手，造成软件本身的浪费以及企业资金的浪费，更重要的是对企业发展的延误。

（二）内部信息的虚假

这个问题可能大家都很避讳，但却现实存在的。企业之间各个部门的分工不同，每个人都想表现自己优秀的工作能力，能够得到领导的重视赞赏。一个企业中一旦有些部门进行虚报夸大，就会对整个企业的信息处理产生巨大的影响，进而影响企业的发展决策。加强对企业的管理，杜绝此类现象的发生时信息管理的重要保障。

（三）领导者对信息管理认识缺乏

领导者作为企业发展的核心地位，其思想与态度是影响企业发展的重要因素。因为企业信息管理是新兴的模式，一些企业的领导者在接受时难免会产生抗拒性，或者缺乏长远的眼光来看待问题，产生急功近利的心态。一旦产生问题就丧失信心与兴趣，甚者另谋他路。究其根本是领导者对于信息管理的认识的缺乏，应该耐下心来考虑信息管理的本质，不断汲取成功企业的经验，为本企业带来更大的利益。

（四）资金问题

企业进行信息管理目的是获取更大的财富，但是前期的投资也很重要。对于中小企业来说，资金也是不容忽视的问题，信息的不断变革，更是加剧这个问题。中小企业没有大型企雄厚的实力为自己投资买单，并且软件企业对于中小企业的重视度较低，不能及时对中小企业的发展提出建设性的意见，随着企业信息管理进程的推进，需要的投入就会更大，资金就成了更大的问题。

（五）环境问题

市场的发展离不来政府国家，现在国家缺乏对信息管理这方面的引导与支持，并且没

有制度保障，缺乏相应的法律体系。另外，信息的千变万化，致使很多企业认为目前并不是投入信息管理的最佳时机，但也无法预测未来的发展，总在纠结中等待。

四、应做出的改变

（一）充分了解软件市场做出正确选择

软件市场的混杂不能成为企业停滞不前的借口。企业应该快速反应并及时做出调整。安排专门的人员对软件进行深入了解，同时要加强对自身企业的认识，找到适合自己发展的软件与道路。不要盲目追随热门，适合才是关键。

（二）加强企业内部管理

企业进行信息管理之前要做好充分的调研工作，明确本企业的发展目标以及理清内部各部门之间的联系，哪些部门之间的信息存在共享，哪些需要与外界进行联系，哪些信息需要保密等。找到制约企业发展的因素，同时从其他企业信息管理过程中吸取经验与教训，为自己带来更大优势。

（三）消除误区，提高远见

领导者对信息管理能够深入了解并足够认识，不单纯是为了赶潮流，而是确确实实为了企业的发展。不是简单跟进几个项目，或者置办几台机器就可以做到的。克服社会上长期的重硬件轻软件的思想，从基础数据、基础流程、基础程序做起，稳中求进。

企业要想获得更好的发展，进行信息管理已经成为必由之路。信息管理是一个综合性强并且复杂的工作。各个企业要有深入的了解以及较强的辨别能力，能够在千变万化中找到适合自己企业发展的道路，减少盲目性，提高耐性与专业性，使自己的企业走向更远的未来。

第二节　商业信息管理

我国现代化社会的发展，使电子商务迅速崛起，这也使我国商业全面进入了智能化时代。越来越多的企业开始关注智能信息系统，并希望将智能信息系统应用于项目管理中，以此促进企业服务升级，提高企业产品销量，使企业获得更高的经济效益，并在激烈的市场环境中占得一席之地。如今，基于商业智能的信息系统已经成为决定项目成败的关键，对基于商业智能的信息系统项目管理进行深入的研究，对于我国商业领域的发展来说，有着十分重大的现实意义。

一、商业智能概念及其信息系统体系结构

（一）商业智能概念

所谓商业智能，是企业为了获得更多的经济效益，通过相应技术手段、程序及设备的运用，对有价值的数据进行挖掘、整理、分析与处理，使用户能够访问这些价值数据，从而为用户的经营发展提供可靠的决策与指导。智能化操作是对数据进行输入、输出及处理等操作，通过这些操作，可以节约大量人力物力，而且智能化操作可对大批量的数据进行准确分析，进而实现科学决策。在商业智能中，主要涉及的技术包括云计算技术、大数据技术以及互联网技术等，通过这些技术可对海量的数据进行短时快速运算，从海量数据中找出潜在的规律。

（二）体系结构

在基于商业智能的信息系统中，其主要分为数据仓库、数据备份与存储、数据还原及挖掘、数据处理及在线分析等多个组成部分，正是这些组成部分所具有的功能，使基于商业智能的信息系统能够从海量数据中快速挖掘到有价值的数据，清除冗杂和无用数据。信息系统可实现数据转换，并将转换后的价值数据存储至数据仓库中，通过数据挖掘及分析工具的利用来对这些数据进行深度的分析与处理，从而为企业的发展提供决策依据。基于商业智能的信息系统在体系结构上是一种层层递进的形式，这种体系结构可对数据进行相应的筛选和处理，从而获得企业所需的价值数据，使其能够为企业的决策提供参考。

二、基于商业智能的信息系统项目管理途径

1. 基于商业智能的信息系统项目管理内容

在基于商业智能的信息系统项目管理中，主要涉及以下方面的内容：其一，进行项目立项管理，结合市场的发展动向，明确信息系统的未来研发方向；其二，对项目管理中的资金进行管理，使项目在研发过程中有足够的资金支持，明确资金的利用途径；其三，对项目中的发展绩效及信息资源进行管理，使项目在运营过程中的各类资源得到合理配置，力求取得最高的发展绩效；其四，对项目的安全及日常维护进行管理，运用全周期管理理念，对项目风险进行科学的评估与预防，防止项目失败给企业造成损失。

2. 加强制度建设，落实管理责任

在基于商业智能的信息系统项目管理中，应将智能信息系统作为项目管理中的核心，对项目资金、信息、安全、运营等多个方面实施专项审计调查，及时发现项目管理中存在的问题并予以及时的解决。为全面推进我国商业领域的智能化发展，我国政府需要加强相关制度建设，实施集中化归口管理，明确具体的主管单位，出台项目管理信息化统筹方案，落实管理单位的相关责任，并成立信息化领导小组办公室，由办公室主导项目的审核、监

督、协调及验收等环节。

3. 做好项目成本管理工作

在基于商业智能的信息系统项目管理工作中，成本管理是重要内容之一，企业需要结合自身的管理优势，将成本管理理念融入具体的项目管理工作中，以全过程视角，从项目的经济性管理、招投标管理、成本管理及合同管理等多个角度来制定具体的成本控制措施，加深信息系统的认知水平，掌握项目管理中成本管控的关键节点，并参考专家建议，结合项目管理实际情况，以此更好地解决项目中遇到的实际问题，使项目成本管理工作得到有效的开展和落实。

4. 加大项目资源整合力度，增强各类资源共享性

在基于商业智能的信息系统项目管理工作中，要想使信息系统的价值得到最大限度的发挥，就必须加大项目资源的整合力度，增强项目中各类资源的共享性，应建立专家立项及验收论证机制，积极运用大数据平台来进行项目管理的信息化建设，使项目资源能够在大数据平台中进行互联互通，以此确保信息基础设施得到有效的利用。同时，还要组建由多名专家共同参与的项目评审库，对项目评审规程进行规范，采取专家验收制，对项目实施中的法律法规及相关资料等进行重点检查，实现对智能信息系统项目的科学化管理与统筹。

5. 建立项目管理风险评估机制

在基于商业智能的信息系统项目管理工作中，还要建立项目管理风险评估机制，通过该机制的建立来规避项目开展过程中存在的风险，降低各种不良风险给项目带来的不利影响。通过对现有大数据平台进行不断创新，积极运用现代化技术手段来设计信用风险预警系统，还能帮助用户及时发现项目管理风险，提高用户对项目风险的识别效率。

总而言之，在科学技术的带动下，商业在我国经济发展中正起到越来越重要的支撑作用。在新时期背景下，以信息化技术为依托，积极推动我国商业领域的智能化发展与转型升级，必将进一步促进商业智能信息系统的开发与应用，从而大幅提高企业的项目管理水平。

第三节　政府信息管理

近年来，网络反腐、网络问政等与政府相关词汇的频频出现，说明了互联网技术已经深入地影响并改变着我国政府的日常管理，尤其是信息管理。传统的政府信息管理以红头文件的形式在政府系统内部部门和层级间进行信息的传递，对外则由政府直属的新闻宣传机构发布官方信息。政府绝对把控着传统媒体，如报纸报刊、广播、电视、宣传栏等，是整个社会最大的信息拥有者和控制者。

随着互联网和信息技术的使用与普及，我国各级政府顺势走上了电子政务、政务微

博、微信之路，传统的"一言堂"政府已瓦解于互联网和信息技术的强大攻势之下。截至2016年7月，全国主要政府网站的搜索引擎总收录数为63 786.3万个，其中部委级政府已有1 857.2万个网页，省级政府已有832.1万个网页，地级市政府已有5 361.5万个网页。截至2016年9月30日，微博平台认证的政务微博已达到162 118个，其中政务机构官方微博有123 208个。就我国政府网站和政务微博的创建数量看，其整体规模庞大，使我国政府信息管理已经与网络技术、信息技术高度结合。纵观我国信息化建设的历程，不难发现，政府管理在享受新兴技术带来的利好时也受其掣肘，时常进退两难。

一、互联网时代我国政府信息管理存在的困境

（一）信息传播快捷与政府行动迟滞的困境

信息具有时效性和价值性，迟滞的政府信息是没有价值的明日黄花。传统的政府信息要通过严格的送审程序，经过政府部门的加工处理才能对外公布。尚不论其长时间的审查损害了时效性的价值，就信息的真实性也频频被质疑。新媒体以数字化的方式快速传播信息，打破了信息传播的时空限制。自媒体使人人都是信息源，有随时发布和获取信息的能力，信息不再被关在政府的"牢笼"中。网络空间的虚拟性使大量信息越过政府部门的审查、审批，在第一时间直接呈现给了公众，让公众能更加直观、真切地感受和判断。2015年2月28日上午，人民网发布了《柴静调查：穹顶之下》的专题片和柴静的专访。当天中午，《穹顶之下》视频上线腾讯、优酷、乐视、爱奇艺等各大视频网站，引爆公众对雾霾问题的高度关注与讨论。截至2015年3月1日12时，在网络视频平台的播放量已突破1.17亿，成为2015年首个传播最广、影响最大的现象级视频。新媒体与自媒体的信息传播速度与传播量呈几何倍数增长，传统媒体或政府网站皆难以企及。

近年来，我国政府网站和政务微博、微信平台的创建数量与日俱增，整体规模庞大。但是不同系统的政府部门的网站规模差异较大，行业收录失衡，多数网络平台信息长期停更，"僵尸网站"横生。网络平台的信息服务和互动功能被束之高阁，政府主动放弃了信息传播的前沿阵地，逐步丢失了话语的主导权。尤其是在处理公共危机事件时，依然采取原始的瞒、堵、截的方式，导致政府信息传播迟滞，引发群众恐慌。2014年4月，甘肃省兰州市政府公布自来水苯超标信息比当地媒体晚了6个小时，导致当地民众出于恐慌心理大量抢购瓶装水，扰乱当地正常的市场秩序与社会秩序。当政府未能履行好信息传播职能时，社会媒体便会自发出声，抢占社会舆论的主导地位。

网络空间为公众提供自由发声和信息快速传递的平台，也为网络谣言和流言的滋生提供肥沃的土壤，引发了网络信息传播的失控。社会舆论若只是在街谈巷议中存在，力量是有限的，但若通过某种媒介表现出来，效果就会成倍放大。面对野蛮生长的网络谣言，政府部门多是以简单粗暴的方式应对，如采用删除、屏蔽、设置权限等方式强硬阻断不实信息的扩散。放任谣言会带来群体性的恐慌，迟滞的政府信息回应会加大民众的怀疑。2009

年湖北石首事件、2011 年日本核辐射谣言引发的抢盐风波都是对谣言回应不及时而引发的群体性事件。就目前情况来看，我国政府信息的回应是迟滞的，且回应能力较弱。

（二）信息弥散与部门分工的困境

弥散是一个物理学概念，是指分子无规则的布朗运动，运动方向是随机的。信息弥散是指信息无边界、不受束缚，是一种不规则的、高复制程度的传播、扩散的过程。信息借助网络空间平台和传播工具扩展其流动的时间和空间距离，加剧其弥散程度。政府信息化建设要求各级政府对政府信息进行数字化管理，便于存取，提高办公效率和信息共享。传统的官僚制政府部门专业化分工，各级地方政府、政府各部门之间往往各自为政，出于自身利益的考量，其总是从各自专用的业务网的信息需求出发，采用不同的软件和标准建立数字信息，最终将形成的数字档案存储在部门内部的服务器上。大量重复性的建设，浪费了政府资源，且政府信息无法进行内部的流通、共享，其他部门查询需要付费。政府信息被封锁在了各部门中，形成了一座座的"信息孤岛"。就目前而言，"信息孤岛"问题已经成为制约我国政府网站发展与网络治理的重要瓶颈之一。政府信息日益成为部门的私有权力，难以有效共享与流通，显然与政府信息化建设的初衷相违背。

（三）政府信息化建设与信息安全的困境

2015 年我国信息化投资总额达到 603.1 亿元，增长 5.4%，增速较 2014 年有所放缓。经过二十余年的发展，我国政府信息化建设的基础硬件和软件设施都得到极大的丰富和提高，但不容忽视的是，伴随着高速信息化建设而产生的政府信息的安全隐患。

我国政府信息化建设所需的大量基础硬件设备和软件应用大多从国外引进，其知识产权大部分不予转让，核心技术始终掌握在他国手中，国内信息安全的命门也被他国掌控。2015 年爆出多个涉及基础软件的高危漏洞，包括 Juniper Networks ScreenOS 后门漏洞、Java 反序列化远程代码执行漏洞等。这些基础软件广泛地应用在我国基础应用和通用软、硬件的产品中，基础软件安全隐患广泛存在。CNVD 统计发现，电信行业漏洞为 657 个，其中网络设备（如路由器、交换机等）漏洞占 54.3%，网络设备安全风险依然较大。据监测，2015 年我国境内约 5 000 个 IP 地址感染窃密木马，针对我国实施的 APT 攻击事件不断曝光。2015 年 7 月 Hacking Team 公司信息泄露事件，这些都揭露了泄密和安全运行的威胁长期存在于我国重要的信息系统，形势日益严峻。2015 年，CNCERT 通报了涉及政府机构和重要信息系统部门的事件型漏洞近 2.4 万起，约是 2014 年的 2.6 倍，呈持续增长趋势。CNCERT 抽取调查发现政府部门系统漏洞月修复率仅为 52.7%，部分通报漏洞未及时修复验证，修复进度未跟上步伐。由此可见，我国在高速信息化发展的同时，政府信息安全也正受到各种硬、软件漏洞和恶意攻击的威胁，安全隐患长期存在。

二、互联网时代我国政府突破信息管理困境的对策

（一）政府信息管理要以速度破困

（1）即时更新政府网站、微博、微信平台的信息，主动运用新技术工具及时传递政府信息。真正激活政府网站和各大政府公众号的信息服务与互动功能，清除"僵尸网站"和公众号。用最快的速度向公众及时、准确地传递更丰富多元的政府信息，重塑政府公信力。

（2）完善新闻发言人制度，建立一套更高效、更完善的信息回应机制。培养政府官员的信息公关意识和能力，提高政府对不良信息的回应和处理能力，彻底抛弃以往简单粗暴的瞒、堵、截的方式。在第一时间用最真实的信息来攻破一切谣言，避免因政府信息回应不及时、不到位而发生的公共事件。

（二）打破政府部门间的信息封锁

1.变革政府组织结构

政府组织网络化是信息社会政府组织结构改造的必然趋势，也是打破政府"信息孤岛"的一种有益尝试。建立网络化的政府组织结构，打破部门间传统的分工隔离。网络化的组织结构能够形成政府部门纵横交错的信息沟通网，政府信息可通过多种渠道和方式进行交流、共享，破除"信息孤岛"的现象，消除政府信息使用和传递的边界限制。

2.建立部门信息交流、共享机制

首先，对政府信息进行定期的部门信息的交流与沟通，打破政府部门间信息封闭的状态，消除政府监管的漏洞。同时也可规避政府信息部门的私有化，形成内部监督与制约的机制。其次，建立部门间信息交互使用记分制，实现部门信息的共享、共用。例如，工商局与税务局要时常向对方查询信息，则可在每次使用对方信息时进行记分，到年终比对积分进行抵扣，实现部门间信息有效的共享，也可避免部门间信息查询收费的矛盾。

（三）使政府信息化建设与信息安全和谐发展

1.走自主研发的道路，掌握核心技术

要从根本上摆脱对国外信息技术的依赖，寻求政府信息安全，必须走自主研发、创新的道路。我国已有一些技术创新型的"领头羊"的企业，包括联想、华为、中兴等。这些企业近年来都有较为快速的发展，有望尽早实现我国政府计算机产品和网络的国有化。2014年5月16日，中央国家机关采购中心发布通知，政府部门的计算机类产品的采购一律不准安装Windows 8操作系统。此举为国产软件提供了极大的发展和上升空间。目前，政府采购的很多产品都已经安装了麒麟Linux等国产操作系统，国产软件有望成为政府各部门保障信息安全的重要组成部分。

2.政府内部树立安全意识，组建一支专业的技术人员队伍

政府工作人员只有真正认识到信息安全的重要性，才会在日常工作中保持警惕，也才

能够促使各级政府对部门系统漏洞进行及时修复，消除政府信息系统的安全隐患。专业技术人员的储备和培养，能够及时、有效地解决政府内部的技术性问题，提高政府信息安全管理的水平，加强信息系统的安全维护。

第四节　公共事业信息管理

伴随互联网的出现和普及，人们正式步入了信息技术时代，信息技术也逐渐变成人们学习知识、了解新闻、掌握社会动态的重要方式。在新公共管理发展过程中的组织重构、管理流程重组、行政监管、政府决策等方面信息技术的作用逐渐凸显。怎样利用信息技术来优化政府结构，再造管理流程，提升政府公共管理的成效，适应世界经济一体化与信息网络化的需求，已变成全球政府高度关注的问题。在信息技术环境下，公共事业管理信息化发展已成为必然的发展趋势。基于此，本节中将主要围绕信息化环境公共事业管理的发展路径进行探索和思考。

一、中国公共事业管理的信息化发展

信息化是指培养、发展以计算机为主的智能化工具为代表的新生产力，并使之造福于社会的历史过程，应用信息技术以后，能够大幅提升社会活动的效率，有效促进人类社会的事业发展。

在国内公共事业管理领域，信息技术的应用历经下述几个时期：

（一）起步时期（1999 年初至 2002 年）

信息技术在公共事业管理领域的应用开始标志是：1999 年中国电信与国家经济贸易委员会经济信息中心联合启动了"政府上网工程"。由此，揭开了我国公共事业管理领域应用信息技术的序幕。这项工程的启动目的在于促进各级政府机构加快信息化建设。在这项工程的促进下，政府网站快速增多，电子政务有了很大程度的发展。

（二）发展时期（2002 年至今）

2002 年，信息技术开始融入宏观经济机制的运行中，融入社会改革历程中，融入微观企业经营中，是公共事业管理领域应用信息技术取得突破性成就的一年。从 2002 年开始，信息技术步入了策略取胜时期，不管是在大政方针、理论抑或在实际运用方面均有了重大发展。国务院信息办公室提出，政府信息化工作的重心是"三网、五库、十二大系统"的电子政务建设。

总之，目前国内各省份地区的公共事业部门均认识到了信息技术对公共事业管理的重要性，但是重视程度或者人力、财力、物力等方面的投入不足致使信息技术在应用过程中出现了一系列问题。在新形势下，探索公共事业管理的信息化发展路径已然成为重要课题。

二、信息化环境下公共事业管理的基本特征

在当今时代，互联网与信息技术作为现代化生产力，推动着经济的增长，社会的前进，影响着国家的国际经济与政治地位。信息化环境下公共事业管理的基本特征体现在虚拟化原理、柔性化管理以及智能化管理三个方面，具体如下：

（一）虚拟化管理

虚拟化管理不具有公共事业管理的外显形式，但是具备公共事业管理的实质。虚拟化大大增大了公共事业管理机构的灵活性，在很大程度上减少了公共事业管理的开支，并且还有助于公共事业管理部门进行社会资源的优化。公共事业管理虚拟化最根本的价值是可以提升竞争实力与部门和部门间的合作水平，各个部门依据本部门的管理职责，共同构成一个整体，在虚拟空间各种发挥自己的优势，构成虚拟的公共事业管理能力。

（二）柔性化管理

柔性化管理相对于传统的刚性管理更易于被接受，且日渐受到公共事业管理部门的高度重视。而实现刚性管理与柔性管理的有机结合也成为当下管理领域的主流管理模式。在信息化环境下，公共事业管理部门的柔性化管理特征集中体现在：公共事业管理部门对于社会环境和本身的变革，可以及时反应、及时决断、及时采取措施。可以理解为在公共事业管理的各项工作过程中、工作人员的管理能力以及组织结构均有较大灵活性，可以灵敏地嗅到变化的气息且做出及时反应，其典型特征是灵敏性、适应性。

（三）智能化管理

伴随着信息技术的高速发展，简易化、智能化已经成为各个领域发展的主要趋势。对公共事业管理而言，在信息化时代下智能化管理也必然成为主要的发展趋势。人们能够即时共享各类信息，让管理者可以依据新动态第一时间采用有关举措。例如，把现有的各个时间模型输入信息平台，平台可以依据有关标准，采用相对应的方法，实现人机交互的工作形式等。

三、信息化环境对公共事业管理的影响

目前，公共事业管理的信息化发展速度正日益提升，并对其机构及其组织方式产生了极其深刻的影响。

（一）组织表现方式呈现扁平化趋势

信息环境对公共管理组织结构的渗透，将会使目前的金字塔型组织结构逐步转化为扁平化组织结构。这一结构的重大转变将进一步实现信息之间的共享，使得部门之间的合作更加紧密，同时也有助于实现权力的分散和民主化决策的进程。扁平化组织管理结构是信息技术发展过程中产生的一项重要理念，更加适应了信息时代组织部门的个性化需求。

（二）管理的权力与结构进一步分散

在传统公共事业管理模式下，管理的权力与结构主要为控制型，而在信息化环境下，管理的权力与结构逐步转变为分散型。这样一来，公共管理的决策权与执行权将不再混为一体，从而有助于各个部门系统机动灵活地应付复杂多变的管理情况。同时，管理的权力与结构的进一步分散，有助于还权于基层管理人员或群众，让基层管理人员或群众通过信息化途径参与公共事务的管理，进而推动公共管理民主化的进程。

（三）管理结构呈现交互式发展

在信息化技术的支持下，基层管理部门可以利用信息化渠道对上级的公共管理决策进行实时意见反馈，同时各基层管理部门也可以就各自的执行情况进行沟通联络。这样一来，就形成了上级决策部门与基层执行部门、基层执行部门与其他执行部门之间的交互式决策管理模式。

高职院校从事跨语言文化教学的教师很多不具备跨文化背景和交流经验，深入开展跨文化教学时显得力不从心，有些教师在处理跨文化教学上缺乏一定的经验、方法和技巧。

四、信息环境下公共事业管理信息化途径

步入 21 世纪以后，我国政务信息化建设逐渐增大建设力度，电子政务变成了调整政府效能、提升行政速率、促进政务"阳光化"的重要手段。各级政府机构依托信息技术，提升政务公开水平，推动信息交流，提升了办公效率，改进了公共服务质量，加快了政府转型步伐。因此，政府部门必须进一步加强观念的转变。

首先，明确推动公共事业管理的信息化发展已经成为公共事业管理改革的重要内容。作为公共事业管理的实践者，政府机构需依托信息化来确保大政方针的科学性。而政府行政事务处理效率的提升也需要依托对信息技术的科学应用。

其次，政府在知识经济时代下追求自身改革创新是必然选择。政府面临世界经济一体化、全球信息化、金融全球化、产业信息化为显著特点的互联网经济的严峻挑战，信息技术为政府转型奠定了坚实的技术基础，政府有关机构应当科学认知信息技术在提升行政办公成效方面的重要性，有效应用信息技术为群众提供更高效、更便捷、更优质的公共服务。

信息资源的开发是保证公共事业管理信息化实现的重要基础，而信息资源的开发依赖于信息投入的增强。因此，应当加大信息化投入的力度，重点推进信息资源开发。

（1）加大信息化投入的力度。为促进信息化的全面发展，各级公共事业管理机构应积极打造优良的服务体系与制度环境，增大信息化投资力度，从根本上解决信息化发展资本缺乏的问题。在加大资金投入的同时，应实现与人才投入、技术投入之间的有机结合，夯实公共事业管理信息化的软硬件条件基础。

（2）重点推进信息资源开发。信息资源的开发包括信息的收集、整理、优化和利用。基于建设完成的管理信息化软件，全方位优化管理信息资源，增强系统剖析与运用，为科

研单位的研究活动与管理战略的确定提供依据。当前积累的海量信息已变成公共事业管理部门珍贵的数据资源，唯有构建公共事业管理的信息化平台，利用先进的技术达成信息资源共享，把有关信息归纳梳理为有用的数据，且对这些数据进行科学、系统的剖析，另外把各个发展阶段的数据加以横向、纵向联系和对比，才可以确保数据的实用性，为有关决策提供科学依据。

当前，依据中国共产党第十六届三中全会上确定的政府变革内容，中国政府在信息技术应用方面，已实现了政府信息化与电子政务的全面发展。对于电子政务的前进态势，人们已能客观地分析与归纳，可以意识到构建过程中取得的成绩与存在的问题。此过程不是自行进行的，需要依托在群众、社会、政府机构间构建起来的服务体系推动进行。当前时期的政府流程重组是在已有管理形式基础上，将提升办公效率与群众满意水平作为中心，运用流程重组措施，建立前台政府政务模型与后台信息化智能解决平台，对政务办理过程加以再造，保证后台各个政府组织的支持。政府流程重组是信息技术运用过程中非常重要的节点，要求政务信息公开，以政务为核心，提供一站式服务，此也是提升服务质效的内在需求。为此，电子政务的构建和政府业务流程重组应当同步实施，业务流程应当以群众满意为宗旨，以政务为核心，打破职能机构界限，依据电子政务的原理科学、高效地重组。

我国公共事业管理信息化要有进一步的发展，一定要注重信息化关键竞争优势的培养，基于人性化的高质量服务是提升关键竞争优势的关键，唯有提供高效、全面的公共事业管理服务，才能提高群众的满意水平。在公共事业管理中，可以尝试性地学习国内在信息化建设方面取得成功经验的企业或者其他国家公共事业管理信息化的成功经验等，实施品牌服务策略，应当将电商、社区信息化、政府信息化、电子政务视为重心，推出业务结构和应对措施一体的品牌服务，特别是要推出差异化、高效化、深入化的服务。

公共事业管理对于我国经济社会稳定发展和建设社会主义和谐社会发挥着不可忽视的作用。在公共事业管理领域，中国政府始终将管理创新作为推动力，为公共事业管理发展营造优良的环境。目前，国内公共事业管理依旧存有很多问题，依旧需要持续深入地进行公共事业管理变革。在此背景下，推动公共事业管理的信息化已经成为深化公共事业管理改革的重要内容。面对不断变化的内外部环境，我们对于信息化环境下公共事业管理的发展路径的探索与思考，必须通过后续的研究逐渐深入。

第七章 数据处理的方法

第一节 废水水质检测误差及数据处理

现阶段，在水污染日益严重的背景下，人们越来越重视废水的处理。废水的处理过程繁杂，也容易受到外界环境的影响，有的检测只能做一次，这也给水质检测化验带来了误差，增加了误差的控制难度。因此在化验中通过误差分析来降低数据的误差率，使实验结果尽量准确。本节针对水质检测过程中可能存在的误差和误差来源进行分析。

在我们的日常生产和生活中会产生大量的废水，废水先进行处理再排放，这个过程最重要的前提工作是对废水进行检测化验。检测化验直接影响到后边紧跟的各项处理工作。检测化验作为一个容易受到外围各种因素影响的环节，常常会出现结果误差，其本身确实是个烦琐严谨的过程。为了尽量避免检测化验结果出现误差，我们应该在实际工作中重视并做好误差分析，尽可能地通过各种有效的管控措施加以防范。

一、废水水质检测概述

随着人类社会工农业生产的快速发展，自然水在经过利用之后含有大量的污染物和有害物质，这样的排放水统称为废水或者污水。废水中所含有的污染物和有害物质已经远远地超出了水体自净能力范围，如果不加处理就肆意排放势必会对生存环境和人类的健康带来危害。我们通常需要先对废水中的污染物和有害物质进行检测和分析，再制定具有针对性的废水处理方案，对废水进行净化处理，达到废水的相关排放标准之后，然后排放或者再利用等，避免其对环境和水质造成污染。在对废水水质检测的过程中，水中的污染物质会受到物理和化学因素的影响，会产生一些变化，不同的污染物质在理化的作用下产生的物质和影响也是不尽相同的。由于在废水水质的检测过程当中，可能会受到来自不同方面的干扰因素，因此废水水质检测的结果往往会产生相当大的偏差，检测分析的过程具有一定的复杂性，对检测结果的判定有不小的难度。对于检测过程所产生偏差的干扰因素，我们要善于发现和捕捉，其中常见的干扰项有：水质是否受到来自周围环境的影响、污染物含量的影响、污水来源远近影响等。另外现场采样也是重要的环节，要根据经验判断采取的水样是否具有代表性，否则此项也会影响检测结果的准确性。

二、废水水质检测化验误差分析

在我们国家，废水水质检测的要求非常严格，对于来源不同的废水检测标准也各不相同。大致上来说，废水水质检测的过程可以分成三类，即物理性指标、化学性指标和生物性指标。此外，除了上述三项检测指标外，通常还要对废水中的化学需氧量、生化需氧量、悬浮物、pH值、氨氮、总磷、色度等相关指标进行检测分析。

在对某一指标进行检测或者试验测量的时候，由于多种干扰因素的存在，检测出的数值往往和真值存在一定的偏差，这个偏差就是误差。误差可分为直接误差和间接的误差，误差通常是不可避免的，我们可以通过多次测量取中值来减小误差。至于真值，是测量变量数据本身的真实参数，是理想状态下测量值。测量值和真值之间存在误差有哪些原因呢？在测量时，很多因素都可能引起误差的出现，因此检测人员必须对可能造成误差的因素进行全面的了解，以在整个检测过程中将误差降到最低。通常在测量的过程中造成的误差包括间接误差和系统误差，而系统误差又包括刻度差、视觉差、变形差以及磨损差等，系统误差可以通过一定的方法计算出来，在测量中是不会发生任何改变的具有可预测性，因此可以设法使其降到最低。

三、检测化验误差分析与数据处理

（一）系统误差处理

系统误差具体是指在检测条件发生偏差的情况下，根据一定的规律变化的误差，该误差主要在检测过程中产生，对检测结果的影响相对固定。从来源来看，系统误差可分为方法误差、仪器误差、试剂误差和操作误差。就处理方法而言，可以选择以下内容：第一种是对照测试方法，即一种可靠的对照分析方法，或使用标准样品的清晰测试结果作为对照；第二种是空白测试，这种方法主要用于没有样品的情况下，工作人员应在测试过程中按照标准测试方法，在相同的条件和步骤下测试并设定空白值的测试结果，减去空白值后存在错误的测试结果，可以得到准确的测试结果，公式表示为：测量结果 = 样品结果 - 空白值；第三是校准测试，即通过仪器的校准和测试方法，在校正的基础上消除系统误差，公式可以表示为：被测样品的含量 = 样品检测结果 × 标准样品含量 / 标准样品检测结果，公式中的标准样品含量 / 标准样品检测结果为校正系数 K。

（二）对间接误差的处理

在水质测量过程中，间接误差是一种比较常见的测量误差，间接误差的原因也存在于多个方面，因此应根据不同的原因有效地处理误差。如标准操作，仪器精度管理，水样优化等降低错误发生概率的方法。在检测过程中，所有操作链接的错误都被组合在一起，从而最大限度地增加了错误。因此，在水质测试过程中，必须规范检测的操作过程，并在操作准确思考的环节上运用最科学的方法，充分地对测试数据进行计算思考，将误差在计算过程中最大限度地避免，但是在最终测试结果尚未最终确定之前，应继续使用原始数值进行水测试的数值计算。

（三）间接测量误差

在废水检测测试中，将直接测量的测量值代入公共显示，以获取间接数据的测量值。因此，间接测量误差不仅包括直接测量数据的值，还包括计算公式的结果。间接测量的测量值与直接测量的测量值之间存在相关性，这将影响最终数据的可靠性。在分析间接测量数据的误差时，如果根据算术平均误差计算误差值，则应考虑同时存在所有误差和叠加所有误差而获得的最不利结果。间接测量公式，例如仅加法和减法，在分析过程中应计算绝对误差和相对误差，这种误差分析方法如果包含在间接测量中（如规定复杂的操作），则基于误差分析时先进行绝对误差分析，后进行相对误差分析，再采用计算分析方法较为合理。

（四）优化试验分析质量控制方案

第一，合理运用废水水质检测分析方法，确保分析方法的敏感性和国家标准方法的权威性，只有这样才能真正提高废水水质检测结果的准确性，从而获得有价值的检测数据。第二，检测人员应每天详细记录实验室的温度、湿度等数据，并通过对数据的比较分析，检查实验室废水质量检测的环境标准。实验室中的相关仪器应定期检查，并且必须符合测试环境的要求。第三，要在实验室进行纯净水的废水质量测试记录，充分认识测试的重要性，并确保测试过程中水样的质量。第四，针对所使用的分析方法进行分析，重点是分析方法的稳定性和工作曲线的及时性。如果不需要绘制工作曲线，建议采用加两个曲线点浓度的方法来检测水质，以确保两个曲线点的浓度值和理论浓度值设置是否符合允许差异分析方法的规定。

综上所述，在废水的实际检测与分析过程中，为了有效减少检测误差，工作人员应分析误差的原因，准确计算和校正检测与分析数据，并确保采取所有质量控制措施。分析和检测质量要做到位。此外，工作人员应继续积累相关经验，积极思考和观察，做好总结，始终以认真严谨的态度做好水质检测和检验工作，为企业的废水处理和排放工作提供可靠的参考依据。

第二节　建材检测中的误差分析与数据处理

近年来，建筑工程行业已经成为我们国家非常重视的领域，我们平时所居住的房屋或者旅游参观的艺术景点都得力于建筑工程行业的快速发展，正是由于建筑工程行业，我们才能看到别具一格的建筑艺术楼房。为建筑行业提供物料支撑的就是建材行业，如果建筑材料在质量方面比较差劲，就会直接影响整个建筑行业的发展。所以我们在正式开展建筑工程施工之前，必须对建材进行系统的检测。

建筑材料和建筑行业之间的关系既对立又统一，所以我们对建筑材料进行检测的时候，势必要谨慎和小心。我们要想保证在建筑施工过程中的材料质量，就必须深入全面地了解建材检测中存在的误差来源，同时将这些误差罗列出来并做一个深入的探讨工作，我们需要做到全方位了解建材检测中所有误差分析的信息库，将这些误差根据相对应的性质做一个清楚明了的分类工作。除此之外，我们还需要对建材检测当中存在的数据做相应的处理，目的就是保证建材的质量是优质的，最终保证建筑施工过程中不会因为材料出现问题而无法正常完成相应的工作进度。

一、建材检测中常见的误差来源以及误差分析类型

（一）不可忽视系统误差的产生

对建筑材料做出检测工作是一件非常复杂的事情，我们也知道建筑行业需要用到大量的建筑材料，而且这些建筑材料各自的属性差别很大，所以建材检测工作内容和工作难度系数都非常大，难免会有很多误差来源。通常情况下，我们通过系统的检测得出误差分析，主要分为两种：第一种就是固定的系统误差。这种误差类型是因为我们在通过相关的检测设备对数据进行分析和检验的时候所得到的一种数据，这种数据和真实的数据之间存在一定的大小差距。而系统误差产生的原因就在于检测设备本身的精确度不够，或者说检测设备本身的检测能力有限，这些误差是由于设备的固有性质产生的，与外界无关，所以被称为固有系统误差。这些误差其实是无法从根源上消除的，这些都是由于检测设备本身的属性所决定的，我们只有不断地深入提高检测设备处理数据的能力，深入改造它的内部结构，才有可能减少这些误差。就比如说我们常见的检验机械零点标度不够精准，造成在检测过程中数据存在一些误差。

另外一种系统误差就是由于外在的个别因素造成检测误差变化，这些误差数据都是外界环境引起的，会随着外界的变化而发生变化的，就被称之为变化系统误差。比如说我们也知道水泥是整个建材行业中最主要的一类原材料，我们对它进行检测，其环境要求十分严格，在整个检测实验室中的温度和湿度都必须控制在合理的范围内，另外在检测过程中需要用到的各种辅助工具都和大体环境保持一致，目的就是减少数据测量的误差，若是外界环境发生变化，就会直接影响对水泥的检测结果。

其实这两种误差一般情况下都很难进行一个彻底的清除，尤其是第一种类型的误差，它取决于设备本身的属性，无法进行人为更改。但是第二种情况的误差，我们可以通过长期的实践和经验进行一定范围内的消除，通过主观上的改造让误差变得更小。

（二）检测工作人员粗心大意所导致的过失误差

建筑材料在检测的过程中需要大量的工作人员进行操作，以免出现由于工作人员不熟

悉整个操作流程或者对某项检测设备的使用方法不够熟练导致检测结果出现误差，甚至是错误，这种误差类型会给整个数据结果带来惨重的后果，一般情况下这种过失误差与实际数据的真实值相差甚远，导致在后期质量检测中出现一些问题，我们必须重新对整个数据进行调整和分析，大大降低了数据检测的效率和质量。我们通常在数据分析的过程中，会选择一个标准点作为参考，如果检测得出的数据与该点差距甚远或者说如果误差范围特别大的话，我们就要重新对整个建筑材料做重新的数据计算和误差分析。为了尽可能地减少这类误差，我们必须对工作人员做专业的培训，同时制定相应的考核制度，让他们从思想上重视对数据的处理情况和工作的具体操作流程，只有这样才有可能高效率地消灭误差。如果由于工作人员的操作失误给建材检测带来一些负面影响，建材企业必须重视起来，加强对人力资源的管理，培养出专业能力比较出色的质检人员。

（三）偶然误差

偶然误差，我们从字面上就可以理解为是由于小概率事件产生的一些误差。这类误差数据发生的概率非常低，我们就称之为偶然误差。大部分偶然误差产生的情况都是因为某一些突发事件发生，导致检测的结果发生改变。比如我们在使用某项仪器的过程中，该仪器发生意外故障，就会影响整个数据的分析结果，或者说某条检测线路发生断线故障等，影响检测的结果。这些情况虽然是不可避免的，但是通常情况下发生的概率是极低的，一旦发生，就会带来数据上的误差。这些误差是工作人员难以预判的，但是我们可以根据每次偶然误差发生的情况做出相应的表格统计，制作出曲线模型之后就可以进行参考。如果误差的范围超过了该模型的统计计算内，我们就需要再次对这些建筑材料做重新的检测工作。

这些偶然误差的发生虽然不可避免，我们在实际的工作中也很难提前预测到，但是我们可以做出一些措施，降低偶然误差发生的概率。比如说我们不断地加强质检人员的综合实力，要求他们精确掌握对数据的读取。同时我们要定期地对这些检测设备展开维护工作，避免因为发生机器故障导致误差增大。除此之外，我们也知道很多检测设备都需要高功率的电能支撑，所以设备在运行的时候电压必须维持稳定的状态。虽然偶然误差发生的时间和具体原因我们很难控制，但是并不能代表我们没有措施去降低它发生的概率。

二、建材检测过程中的数据处理内容

（一）算术平均值

像建材检测这样一个大工程，最让人头痛的就是不得不面对各种各样的数据。在对建筑材料检测的过程中，我们必须针对各种类型的数据做出专业的分析。通常情况下，我们需要对某种建筑材料做出测定的结果，该结果倘若在一定的误差范围内，就属于测定值。简单来讲，测定值就是真实值加上误差值。测定值并不是固定不变的，从本质上来讲，它属于随机变量。在研究随机变量的过程中，我们需要考虑算数的平均值，标准误差和变异系数。这三个数据都需要进行深入的分析。其中一种就是算术平均值，我们在计算算术平均值的时候，需要将待测的数据从整体数据标本中突出出来，平均值是整组数据的稳定值，该组数据的每一条数据都围着平均值上下波动，通过计算和分析平均值，我们就可以看到随机变量的波动范围。一般情况下，我们必须用均值做相应的处理，才能更进一步消灭误差，尽可能还原测定值的真实度，保证整体上的数据符合实际的数值。

（二）标准误差

在计算标准误差的过程中，我们需要搜集建材的每个检测数据的误差，做出相应的统计和计算才可以得到。标准误差反映的是整个检测数据的分布状态，如果计算出来的标准误差越小，就说明该组检测数据比较集中，反之就显得这组数据比较分散，我们再去样本的平均值的时候，一般情况下得到的都是比较集中的数据。标准误差越小也就表明了这组数据更加符合真实值，但是如果建材检测的标准误差数据比较大的话，就说明该组的实验数据误差范围上下弹性幅度比较大。

（三）变异系数

变异系数是根据该组数据的集中程度或者离散程度提出的一种数据表达形式，根据标准误差和算数平均值之间的商计算得来的。通过分析变异系数，我们可以得出建材检测中数据的整体情况，由此推断该数据处理是否满足建材检测的相关标准。变异系数同样在建材检测的数据当中发挥着非常大的作用，我们可以更直观地了解该组数据的分布情况。

（四）数据处理方法的选择

在对建筑材料进行质量检测的时候，我们遇到的数据种类越多，数据检测的方法也就越来越多。我们只有选择最恰当的数据处理方法，才能提高数据处理的准确性和效率，保证建材检测工作高效高量的进行。通常情况下，我们可以根据使用建材种类的不同，以及建材的大小尺寸和内部结构，物理特性做出整体的判断和预测，从而推断出最适合的数据检测方法。一般情况下，相当一部分的材料在加工之后，它们的结构性质发生一些改变，这种改变会间接影响整个检测的结果，这个时候我们就要选择合适的数据处理方法，通常情况下，我们可以去掉最大值和最小值，采取平均值。这样的方法更能准确地预判出数据的合理和真实。

三、建筑材料检测数据处理系统的研发与应用

为了更好地计算和统计建筑材料的相关信息和数据，建立相关的数据处理系统是一件非常有必要的事情。一般的数据处理系统都会结合先进的科技联合相应的水泥沙石仔等小型系统组合而成，这种联合型的数据处理系统不仅更加全面，而且数据处理的效果会更好。为了更好地满足社会的需求，我们还需要对建筑材料检测数据处理系统作相应的研发和改善，尽自己最大的努力去提高材料检测人员的专业能力，在最短的时间内处理最复杂的数

据库，从而真正做到高效高质地完成数据处理工作。通过使用相关的数据处理系统，我们可以将某些复杂的数据计算过程变得简单起来，并且得出的数据检测报告也会更加精确明了，至少在内容上不必像以前那样长篇大论，我们也可以通过数字化管理，将这些数据进行网络传输，不管是建材行业还是建筑行业，通过共享系统都能对这些材料的数据和性质有一个全面的了解。

建材检测这项工作比我们想象中更加有挑战性，与建材有关的数据非常庞大，而且计算起来非常麻烦，同时相应的误差结果会直接影响对该批建材的质量预判。如果我们没有检测出来该批建材的质量存在瑕疵，那就会给整个建筑工程带来毁灭性的破坏，一旦发生安全事故，后果不堪设想，所以我们必须深入研究并不断完善建材检测中的误差分析和数据处理。

第三节　废水检测的数据处理与质量控制

由于我国人口数量较多，生活中水的消耗量较大，导致每天制造的废水量大，加上我国属于工业大国，工业生产也会制造大量的工业废水，随着生活废水与工业废水的不断增加，我国环境受到的污染越来越严重。实验室中废水检测的数据处理和质量控制时实现可持续发展和保护环境的基础，本节从废水检测的重要性出发，研究废水检测的数据处理与质量控制措施。

随着近年来我国现代化建设事业的发展，环境污染和生态破坏的现象加剧，由于废水中存在氨氮、硝酸盐氮、六价铬等物质，若不严格把控，随意排放，将会对环境甚至对人类生活造成严重影响。为此，环境部门对废水排放提出了较高的要求。实验室废水检测工作是确保水质达标的基础条件，为提高废水检测结果的准确性，应该尤其注重数据的处理和质量控制工作。

一、废水检测的重要性

废水包括生活废水及工业废水，它对自然环境有很大的危害，是环境破坏的罪魁祸首。由于我国现今经济实力不断进步，工业生产量不断增大，同时城市化现象越来越普遍，在这样的社会形势下，工业及生活中排放出来的废水量也就越来越多，为此怎样合理利用水资源、实现科学循环、安全排放等问题逐渐变成了社会关注的焦点。水质检测是环保工作中一个非常重要的项目，通过对水质的检测，能够判断该水是否能够达到相关规定的要求，有利于实现废水的循环利用，缓解水资源短缺这一社会问题，同时能够对生态环境进行有效控制，避免水污染情况加剧，为环境保护和维护生态平衡提供信息和依据，促进我国经济和社会的可持续发展。

二、废水检测的数据处理

（一）废水监测时的误差数据处理

在对某一水样进行检测工作时，首先需要环境监测机构进行采样，将采得的样品拿到实验室进行实际检测，采样由于需要经过采集、运输、预处理等多项流程，水样极有可能在还未进行实验室检测时就已经被污染了，因此为减小采样误差，首要任务是保证采样工作人员的操作规范。在实际操作过程中，由至少两名采样人员应该结合自身工作经验，采用双盲法进行读取、核对、录入等工作，对比分析，以确认具体不规范操作；很大一部分采样人员由于长期在某一固定区域采样，多次采样后他们往往就会依据经验采样，忽略水质可能突然出现重大污染，导致水质检测数据出现巨大误差。因此，采样人员工作时必须按照正规操作规范进行，不可根据经验随意采样，除此之外，还应该注重采样时的细节把控，例如严格按照标准读数、移液等。

（二）废水检测时的误差分析

误差可分为系统误差、随机误差和过失误差三种，系统误差通常是由于仪器磨损或变形等因素引起，在能够正常使用时，误差是统一不变的，因此可以不考虑其对水质检测的影响，同时随机误差是可预测的，能够通过数学方式进行调整，以减小其影响。在水质检测工作中，检测人员的操作、实验室温度与湿度、检测手段、检测设备等都会对结果产生影响，且检测水质不同项目时的操作步骤也有差异，例如采用分管光度法检测检测水质氨氮时，应取上清液，以免分光检测不标准，而对于水质化学需氧量检测而言，均需要摇匀后才能进行检测，因此检测人员需要严格按照水质每个项目的检测标准进行。

（三）废水检测时的数据处理

水质检测的数据一般可通过设备直接获取和相应计算间接获取，针对直接通过设备获取的数据，由于其受到器械的影响较大，因此在检测时应该分多次进行，同时密切关注设备的情况，确保其处于正常运行状态。针对由计算间接获取的检测数据，应该更加注重计算公式、计算过程及计算结果的处理工作。在实际废水检测时，大部分数据都是将直接测得的数据代入工程中得到结果的，因此间接测得的误差不仅与实验操作有关，还与数据处理相关，以水质氨氮检测为例，采用分管光度法得到的直接数据是吸光度，而氨氮的含量则需要代入公式并经过换算才能得到。为了保证数据具有可靠性，在进行测量值与最终值计算式，需要计算绝对误差和相对误差，避免计算流程产生误差。

三、废水检测的质量控制

（一）检测工具的清洁度

水质检测时需要运用大量的玻璃仪器，玻璃仪器的清洁程度直接决定着检测结果的准确度和精密度，因此在进行检测工作前，首先要将检测仪器清洗干净，例如采用分光光度法运用最多的比色管，重量法运用的干燥皿及滴定法所用到的滴定管，除此之外，移液管、锥形瓶、量筒等，所有仪器实验前都应该清洗干净并存放于经稀释后的酸性洗液中。

（二）空白样的测定

水质检测操作中，必须保证一组实验中有 10% 的空白样。空白试样值的大小和分散程度一方面能够反映该次操作的准确度，在一定程度上反映了操作人员的操作水平，另一方面还能够反映实验室的水质情况，以水质氨氮测定为例，若空白式样在加入纳氏试剂后出现淡黄色，分光检测后吸光度大于 0.03，则说明该空白试样值偏高，这一组试样均出现问题，需重新检测。

（三）标准曲线的制备

水质氨氮、总氮、总磷、总余氯等采用分光光度法检测都需要经过标准曲线才能得到结果，因此标准曲线的制备必须严格按照标准进行。标准曲线是由不同浓度梯度的质控物质通过分光测定后，得到的一组数据，由于标准曲线的线性 r 必须满足至少 0.999，因此在进行取样时严格控制取样量标准。

（四）平行样的测定

水质检测操作中，必须保证一组实验中至少按一个月样品数的 20% 进行平行样测定，平行样测定对于保证化验室水质分析结果的可靠性有着相当重要的作用，若同一个水样，进行同样的操作，最终检测的结果相差过大，则侧面说明实验员操作不规范，需要重新进行检测。

（五）标准物质的使用

标准物质是检测实验人员操作是否规范的重要指标，由于在废水检测过程中，有很多因素是难以被自身发现的，而标准物质有确切的浓度，实验人员水质检测时，取一定量的标准物质，按照标准规定进行检测，若最终计算得到的数据在标准物质规定范围内，则说明实验人员操作满足要求。

废水检测的数据处理和质量控制是保证检测结果准确率的重要指标，因此实验室检测员的必须规范检测流程，有效避免误差，提高检测水平。

第四节　农机检测数据处理方法分析

我国农业的发展对经济有着重要的促进作用，农业机械在当前农业生产中的运用，有效地将人类从繁重的劳动中解脱了出来，在当前的发展形势下，农机试验检测具有较强的技要求，为了不断提升整体的工作效率与质量，农机试验检测人员不仅要对专业理论知识进行深入的掌握和积累，还要不断加强自身的实践操作能力，有效提升自身的职业情操，确保做好农机试验检测及数据处理工作。本节结合实际情况，对农机试验检测及数据处理应注意的事项和策略进行研究讨论，为相关试验检测工作人员提供一定的参考和借鉴。

在当前的社会发展过程中，各个省级农机检定部门在农机的试验检测过程中发挥着重要的作用，为了有效提升农机试验检测、数据收集处理的工作效率与质量，就必须严格按照国家标准及规范，科学合理运用检测设备，不断提升农机试验检测及数据处理的精确性。但是在当前实际的工作过程中，对农机的试验操作中还存在一定的不足，导致数据处理结果缺乏一定的精确性，因此，就要将农机试验检测及数据处理过程中容易出现的问题进行研究和分析，并对有效解决策略进行探究，不断提升数据处理结果的准确、精密性。

一、进行农机检定的重要性及原则

当前，随着国家农业机械化水平的不断提升，国家对农机试验检定工作非常重视，设立了一系列的法律法规对其进行监督和管理，有效提升了农机试验检测及数据处理的科学性和精准性，为我国农业发展提供了保障。农机检定工作对我国农业机械的安全、稳定、有效使用发挥着重要的作用，其工作效率及质量的好坏，对农民经济利益、农机优惠政策的实施等方面会产生巨大的影响。在实际的发展过程中，我国的农机试验检测与数据处理效率与质量对我国农机水平的发展及进步产生着重要的影响，密切影响着农机生产企业的经济效益和核心竞争力。此外，有效提升农机检定工作的效率及质量，可以对我国农业的发展起到大幅度的推动作用，不断提高农业发展产生的经济效益，提升农民收入，保障国家粮食储备安全。

在实际的农机检定过程中，国家为了加大监督与管理力度，设立了相关的法律法规，对其公益性进行了明确和反应。因此，服务性原则是当前农机试验检测及数据处理工作中需要严格遵循的原则，不断提升农机检定工作的效率与质量，为我国农业技术的发展提供有效保障。

二、农机试验检测及数据处理过程问题

（一）部分农机检定部门试验检测的标准不高

在国家相关法律法规的监督和管理下，农机试验检测及数据处理工作的开展是根据国家的相关标准及文件进行的，因此，只有不断提升农机试验检测的权威性，才能全面发挥农机检定的作用。但是，在实际的农机试验检测工作开展过程中，部分农机试验检测部门由于自身实际情况的限制，仍旧按照老版本的文件指导开展工作，老版本的文件标准与新版本的文件标准存在一定的差异，这就导致农机检定部门执行标准不统一、不严格现象的出现，降低了农机检定部门的权威性和精确性。另外，在实际的检定工作开展过程中，部分农机检定部门还存在检定质量不高、没有健全的资质、检测报告没有法律效率等问题，

严重降低了农机检定数据及结果的精准性和科学性。

（二）部分农机检定部门缺乏有效的检定能力

一是在当前的农机设备检定过程中，部分工作人员只能对基础性的项目进行试验检测和数据处理，对于部分高端、复杂的项目还无法进行科学有效的操作处理；二是部分工作人员的试验检测及数据处理水平还有待提高，主要表现为工作人员的试验操作经验积累较少、试验检测理论掌握不足，导致农机检定工作存在一定的不足与缺陷，这就要求相关农机检定人员树立持续学习的意识，不断积累理论知识与实践经验，不断提升农机试验检测及数据处理的水平与质量。

（三）部分农机检定部门的检测处理设备质量存在问题

一是实际的农机检定部门工作开展的过程中，还没有配备科学合理的大型农机试验检测设备，这就导致在实际的工作中，无法有效对大型农机设施进行试验检测和数据处理，无法发挥有效检定作用；二是在当前的发展形势下，部分老旧报废试验检测设备还没有进行更换，这对农机检定的精确性和科学性产生了严重的负面影响；三是在当前发展形势下，部分农机检定部门没有及时对一些大型的、必要的农机试验检测设备进行引进和配备，没有对农机试验检测及数据分析提供必要的基础设施，无法有效提升试验结果和数据分析的准确性和科学性。

三、农机试验检测及数据处理措施

（一）在农机试验检测及数据处理前做好准备

在进行农机试验检测及数据处理工作前，必须对相关的试验准备工作进行完善，为农机试验检测及数据处理工作的高效顺利进行奠定良好的基础，不断提升试验检测数据及结果的精确性。在农机试验检测开始前，要根据统计学理论准备好适当数量的农机样机，保证满足抽查的条件及要求，为农机试验检测及数据处理打下坚实的基础；在做好试验前准备工作后，要对农机试验检测及数据分析的需求条件进行保障，对实际试验检测过程中需要的农田面积进行规划和准备，为试验检测工作的顺利进行提供有利条件；最后，要对农机的试验检测及数据处理工作所需的基本条件和环境进行全面的准备和完善，对试验检测过程中所需的用电条件、天气条件、专业农机操作技术人员等进行优化和完善，有效提升试验检测及数据分析的科学性及精确性，为农业生产提供有效的安全保障和基础条件，不断促进其健康稳定发展。

（二）在农机试验检测及数据处理过程中保证操作的科学性

首先要对具有一定代表性的试验项目进行选择和确定，对不同的试验目的进行合理的规划和设计，保证试验项目的合理有序开展；其次要准确合理地对试验所得数据及试验现象进行记录，保证将科学有效的记录贯穿于试验检测的整个过程当中，规范有序的对试验流程实施有效把控，保证试验操作的科学合理性；对于所得的试验数据及结果，要科学合理的采取先进的信息化技术进行筛选和分析，并将数据的合理性进行对比，为了保证关键环节数据的精确合理性，可以对这个环节的试验进行重复操作，不断完善试验结果；要重视对试验检测的细节进行监控和处理，避免出现不当的操作及不合理的环境导致试验结果出现误差的现象出现；在实际的试验过程中，还要不断加强对现代化高效创新的数据记录仪器的使用，保证数据记录的完整性和安全性，以此来促进数据处理结果的精准性和科学性，不断发挥农机试验检测和数据处理的积极作用。

（三）保证农机试验检测数据分析阶段的全面性和高效性

一是要在基础数据的分析过程中，注重使用一些科学的、现代化的数据分析软件，在提升数据分析记录效率的同时，不断保证数据分析的精准性；二是在数据处理过程中要不断对数据的差异进行对比分析，按照国家下发的相关标准和规范，对农机设备的缺陷进行优化和改善；在这个过程中，要对数据的误差进行有效控制，对容易出现误差的环节进行反复的检测与确认，不断增强数据的科学有效性，为数据农机试验检测及数据处理的精准合理性提供有效保障。

在当前的发展形势下，农机试验检测及数据处理非常重要，对农业的发展及进步发挥着不可替代的保障作用。在实际的农机试验检测及数据处理过程中，具有高度的科学性、精确性要求，所有的试验操作都要通过专业人员和专业设备来进行。当前，我国对农机检定部门设立了严格的监督与管理规范，对农业机械设备质量的保证奠定了良好的基础。因此，在实际的农机试验检测及数据处理过程中，要不断遵循严格的规范和标准，不断提升相关工作人员的专业技术能力，对农机检定所需基础设备及时进行更新换代，不断提升农机试验检测与数据处理的精准性和科学性，为我国农业机械化水平的发展及进步发挥积极的促进作用。

第五节 土地勘测定界技术流程和数据处理

随着人口增长和经济社会发展的加快，城市发展对建设用地的需求越来越大，土地勘测定界作为建设用地项目管理的一项前期基础性技术工作，是用地审查报批的重要依据。GPS 系统因为其具有高精度、全天候、高效率、多功能和操作简便等特点，在勘测定界中的应用越来越广；"NewMap 报件通"是一款基于 AutoCAD 平台开发的建设用地土地勘测定界专业软件，可以方便快捷地进行内业数据处理。该文结合工作过程中的实际项目，介绍了土地勘测定界工作的外业技术流程和内业数据处理等。

土地勘测定界是根据土地征收、征用、划拨、出让、农用地转用、土地利用规划及土地开发、整理、复垦等工作需要，实地界定土地使用范围、测定界址位置、调绘土地利用现状，计算用地面积，为国土资源行政主管部门用地审批和地籍管理等提供科学、准确的基础资料而进行的技术服务性工作。

一、技术流程

该文以省道 245 线三门峡至寺河段改建工程为例，介绍土地勘测定界工作的技术流程。

（一）接受委托

在具有测绘资质的前提下，接受用地单位委托，进行勘测定界工作。

（二）组织准备工作

接受委托后，组织人员进行前期的准备工作，包括人员仪器安排、收集资料、与当地自然资源局及用地单位协商勘测定界时间等。

1. 人员仪器安排

根据工作量做好人员分工，安排熟悉土地政策、有经验的技术人员进行外业调查测量及内业处理工作；选用年检合格、性能稳定的 GPS 测量仪器，确保高效、准确地完成土地勘测定界任务。

2. 收集资料

该项目作为线性工程用地，收集了用地范围内的土地利用现状图、土地利用权属界线图、地形图、土地利用总体规划图、基本农田保护图以及设计单位提供的征地红线图、控制点坐标成果、控制点点之记、设计坐标系统采用的投影带、投影面等参数资料，还收集了中线设计数据、线性工程占地宽度表及各类曲线元素。

（三）外业调查测量

1. 现场踏勘

前期准备工作完成后，组织人员进行现场踏勘。根据收集到的控制点成果资料，到实地查看了解用地范围内的地形地貌情况、控制点位置及埋设标石完好情况以及现场的交通情况等，编制合理的技术方案。

2. 布设控制网

根据设计单位提供的控制点坐标成果，架设 GPS 仪器，选取用地范围内 3 个已知控制点作为基准点，直接利用 GPS 手簿软件解算坐标转换参数，并对其他控制点精度进行检核。

3. 实地放样

该项目需要将用地红线放样到实地位置。根据设计单位提供的征地红线图边界，对拐点坐标进行提取处理，利用 GPS 手簿中的点放样功能，按提示进行实地界址点放样，埋设水泥界桩。

二、内业处理

目前一般采用专业制图软件"NewMap 报件通"进行勘测定界内业处理。该项目为线状工程，比例尺采用 1 ： 2000。

（一）坐标系转换

按照最新用地报批要求，土地勘测定界成果采用 2000 国家大地坐标系，而设计数据采用 1980 西安坐标系，所以需要将 1980 西安坐标系转换为 2000 国家大地坐标系。采集线路开始、结束和中间段的 3 个已知控制点的 2000 国家大地坐标系，点击"数据处理—坐标系转换"，分别输入控制点转换前的设计坐标 1980 西安坐标系、转换后的 2000 国家大地坐标系，计算出转换参数，保存参数文件。点击"坐标系转换—图形转换"，将设计的征地红线图等转换为 2000 国家大地坐标系。

（二）转换中线及绘制边桩

1. 转换中线

将设计单位提供的中线数据转换为 NewMap 软件可以管理的中线。用"多段线连接"命令将设计中线连接成一段完整的多段线，点击"线状工程—转换成中线"，将多段线转换成 NewMap 中线。由于设计中线存在断链，点击"线状工程—增加中线断链"，指定增加断链的位置，输入所增加断链的里程，中线转换完成。

2. 绘制边桩

点击"线状工程—参考线绘边界"，选择设计单位提供的征地红线图边界线，系统自动生成边桩。边界线绘制完成后，点击"线状工程—边线数据检查"，检查边桩之间是否存在缺口，用多段线将有缺口的地方连接起来，边桩绘制完成。

（三）绘制权属线、地类线、线状地物、基本农田界

目前，用地报批以第二次全国土地调查成果为依据。从最新年度土地变更后的"二调"土地利用现状数据库中提取权属界线、地类界线、线状地物等数据，同时提取权属名称、地类名称、田坎系数等属性信息。从土地利用规划数据库中提取基本农田界，绘制基本农田边界。

（四）地块处理

1. 封闭地块

点击"地物编辑—初始化外部图形"，将相关界线转换成 NewMap 指定界址线类型，对权属进行赋值。点击"封闭基本地块"命令，软件自动搜索出所有地块的范围边界并以闭合多段线显示出来。

2. 标注地块

点击"手动标注地块"，标注地块的权属、地类、基本农田、田坎系数等属性信息，

该项目为线状工程，地块标注的方向和中线的走向一致。

3. 检查地块

所有地块标注完成后，点击"检查地块标注"，检查是否有没有标注的地块，软件系统对所有地块进行检查并将遗漏地块移到绘图区域中心闪烁显示。

4. 标注点号

点击"点号自动标注"，外围用地边界已经绘制边桩，软件系统根据绘制的权属线、地类线生成权属点和地类点点号。

5. 图形审核

点击"图形审核"，可以按照权属地类等各种条件检查地块属性标注的正确性，地块标注的正确性决定了勘测定界报告数据统计的正确性。

（五）生成勘测定界技术报告

地块信息确认无误后点击"项目信息"，录入项目及用地单位、土地相关信息、勘测单位信息、勘测资料等勘测定界信息，用于系统填写勘测定界技术报告。点击"生成报告书"，系统自动根据项目图形生成勘测定界技术报告，包括勘测定界表、土地分类面积表、地块面积及界址点坐标成果表等数据，可以打开查阅和修改。

（六）图形整饰

插入地形图，作为底图；点击"地类填充—填充地类符号"，系统将每个地块填充相应的地类符号；查看图形中点号、地块标注、地类填充等有无压盖，进行移位调整。点击"符号化输出"，外围边界线变成红色并且具有一定的宽度，并对所有的外围点和内部点进行空心处理。

点击"图幅整饰—自动加布局图框"，按照命令行提示选择中线、图框范围，软件系统会根据中线批量加图框；点击"图幅整饰—自动生成到布局"，填写项目名称、勘界单位、制图、测量、检查等信息，选择图框范围，自动生成到布局；点击"图幅整饰—自动加指北针"，布局图形相应的加指北针，图形整饰完成。

三、成果检查验收

检查验收是土地勘测定界工作的重要环节，目的在于保证成果的质量。项目完成后，作业人员进行了自检，各部门负责人进行会审签字，最后总工进行审核，确保没有问题后出具勘测定界成果。

四、提交资料

至此，完成了省道245线三门峡至寺河段改建工程的勘测定界工作，向用地单位提交土地勘测定界成果。

在土地勘测定界中,利用 GPS 进行外业测量,定位精度高,数据安全可靠,操作简便,可以节省许多时间和成本。"NewMap 报件通"进行内业处理自动化工程高,极大地提高了内业工作效率。

第六节　桥墩沉降观测方法及数据处理

对桥墩沉降观察的意义进行了概述,对桥墩沉降观测方法中常见的水准测量法和电磁波测距三角高程测量法进行了总结。对测量中取得的数据处理进行了分析,从而更好地了解桥梁工程桥墩结构出现沉降的情况,及时采取有效措施对其进行处理,确保了桥梁工程的整体质量。

一、桥墩沉降观测的意义

在桥墩沉降观测的过程中需要对相关的地形、地理特点、水文、地质等状况进行全面了解,这在一定程度上降低了工程质量问题的发生概率,更好地确保了桥墩工程的稳定性。及时进行处理,有效防止了桥墩工程沉降、变形等现象,避免了桥墩基础发生不均匀沉降。部分大型桥墩工程在投入使用后出现了裂缝,主要是由施工质量问题所引起,一旦裂缝数量过多,就会导致桥墩工程结构受到影响,不仅影响到正常使用,还给人们的生命财产安全造成严重威胁。因此,在桥墩工程施工过程中,必须重视桥墩工程沉降、变形等现象,使用沉降参数分析周围环境,做好对桥墩工程沉降观测相关工作的科学分析,在此基础上,找到桥墩工程出现不均匀沉降的原因,采取科学有效的解决措施,同时预测沉降的发展趋势,及时做好桥墩工程沉降防治,保证了施工质量和使用安全。

二、桥墩沉降观测方法

(一)水准测量法

水准测量法在桥墩沉降观测中是最常用的测量方法,主要是利用相应的光学水准仪或者电子水准仪,按照水准测量的规范和要求进行相应的水准测量和观测,从而获得精确的高程值测量数据,进而计算出相应测点在某个时间段具有的沉降量和沉降速率。一般比较常用的方法是按照二等水准测量沉降变形观测规定来执行,满足对桥墩沉降变形高精度的测量要求。根据沉降变形高精度的测量要求,一般沉降变形监测网使用分级布网来逐级观测和控制布设,其主要是按照相应的基准点、沉降变形点以及工作基点三类进行分级布设。基准点是沉降观测测量中基本的构成层面,其对沉降的观测精确度有着直接的影响,对于基准点的设置,一般按照相应的二等测量的水准,其设置的位置和沉降变形的区域需要保持一定的安全距离,同时,基准点对于建网也有要求,需要其设立独立的监测网,并不少于 3 个；观测点是设计单位重要的工作内容，需要设计单位做好对于观测点位置、外形以及材质的设计工作，这有利于其后期的便捷使用，并且还需要做好对观测点严格的安装。安装人员在进行观测点安装的过程中，要严格按照相关要求进行安装。在观测点的使用中还需要做好日常的维护工作，如果发现观测点存在破损情况，要及时进行上报和修复。

工作基点和观测点有着密切联系，主要是为了测定相应观测点起始位置和终止位置，需要按照国家二等水准进行测量，其点间距离一般要求在 200m 内，由于观测点和许多方面都有密切的关系，对观测的进程也有很大的影响，则观测点需要有良好稳定性，并能够长期保存，可以有效促进观测工作不间断进行。另外，除了根据所规定精度进行观测外，在观测时还需要按照国家二等水准进行测量，视线的长度和高度、前后的视距差以及两次读数差都有严格的要求，一般要求其视线的长度不超过 50m，两次读数差不超过 0.4mm。

观测仪器是测量数据的基础工具，为了保证其仪器的正常使用，需要进行有效维护。在进行观测时，要避免仪器受到阳光的直射，同时还需要保证其温度比较适宜，在成像后不要立即进行测量结果的读取，需要等到图像稳定清晰后，才可以读数，为了避免仪器观测时产生不稳定的状态，还要对其可能产生震动和摇晃的情况进行排除。另外，观测人员还要做好观测的配合，要具有严谨的观测态度和意识，对观测的数据要逐步进行核实和校验，并对其出现异常的信息数据进行有效记录，并进行分析和总结。

（二）电磁波测距三角高程测量法

电磁波测距三角高程测量法在桥墩沉降变形观测中，也比较常见，其主要通过中点单觇法以及直返觇法两种方法进行观测，这两种电磁波测距三角高程测量方法在进行观测时，需要严格按照相应的标准进行。首先，其垂直角需要采用测角精度好于 1s 的全站仪进行观测，并观测 6 个测回，其测回间垂直角的角差也不要大于 6s，测距的长度一般也要小于 500m，测距中的误差不能大于 3mm，仪器高精确量到 0.1mm。另外，测站在观测前后还需要对气温以及气压各进行一次测量，在计算时需要加入改正值。对于中点单觇法来说，主要是把全站仪设置在两侧点的中间，进而将同一个觇标轮流放置于 2 个测点，测量其全站仪与测点间存在的高差，得到 2 测点间的高差，这种方法具有很好的实用性，受场地限制比较小，并且测量时，其架设仪器灵活度也比较高，只需要在 2 测点的位置安放相应的觇标就能够测量两点间存在的高差；对于直返觇法来说，需要使用的场地范围比较大，为了便于对仪器以及觇标的放置，则沉降的观测点位置空间就会受到影响，进而导致相关仪器难以架设，一般对于位于水中以及高空中的测点进行沉降变形的观测时，常用中点单觇法，而直返觇法仅仅适用于对测桥面的沉降变形情况进行观测。

三、桥墩沉降变形数据处理

在进行完桥墩沉降变形观测后，需要对其采集的数据通过相应的软件进行平差处理，在经过对数据的检查无误后，将平差的结果向指定沉降变形的观测数据库进行录入，如果沉降变形的观测点出现比较大的沉降量，就需要继续结合现场实际情况进行原因分析，并做出相应的处理。在进行沉降变形观测数据的录入中，需要对其工作基点的下沉以及观测标的变形而产生的沉降量进行处理，不将其计入累计的沉降量中。同时，还需要定期进行工作基点的复测工作，并按照相应的二等水准测量精度的要求，进行工作基点高程的更新，从而消除其工作基点的高程变化对沉降量产生的影响。另外，对于由于荷载而引起沉降突变的数据要进行保留，并备注其荷载变化的具体情况。

在桥墩沉降变形观测数据进行完数据库的录入后，需要采用相应的方法对测点在未来某一时间段将发生的沉降量进行预测，进而根据相应的预测结果和各个施工过程与沉降量要求进行结合，从而确定下一个工序施工的时间，一般常用的沉降变形预测方法有双曲线法、指数曲线法、遗传算法等。

沉降观测是掌握桥墩工程沉降和变形的主要手段，为了确保桥墩工程沉降观测结果的精度，首先要认识到桥墩工程测量中沉降观测的重要意义，找到桥墩工程不均匀沉降的内在原因，有助于采取科学有效的解决措施。及时设立桥墩工程的基准点，保证基准点的稳定性，了解桥墩工程沉降观测的基本要求，将误差降到最小，对于观测中使用的仪器一定要科学地选择，并对其安全性进行科学测试，只有这样才能有效保证桥墩工程沉降观测结果的精准度。

第八章 数据处理的技术

第一节 面向新硬件的数据处理软件技术

近年来，计算机硬件技术飞速发展，取得了显著的进步，一些高性能、低时延的新型硬件技术不断涌现，如异构的处理器、可编程的高速网卡 / 交换机、易失 / 非易失的存储器等，给传统的计算机体系结构和系统带来新的机遇和挑战。然而，在大数据处理中，直接将传统的软件技术应用到新型硬件上很难发挥出硬件技术突破所带来的全部潜在性能。因此，这就促使我们重新思考传统的软件技术，以便可以释放硬件进步带来的全部红利。本节从计算、传输、存储三个方面讨论了面向新型硬件的数据处理软件技术，梳理和分析了该领域中的相关工作，总结概述已取得的进展，分析存在的新问题和挑战，从而为未来探索数据处理性能"天花板"的研究提供有价值的参考。

近年来，随着智能手机、物联网、人工智能等新兴技术的发展，接入互联网的设备变得越来越多，产生的数据量也越来越大，现有的系统已经很难满足业务增长的需要，促使我们对现有的系统进行改进升级，以至于它们可以应对技术发展带来的挑战。与此同时，计算机硬件和体系结构也在不断发展，像多核 / 众核、GPGPU、FPGA 等与具体应用相关的异构处理器技术，像 RDMA、可编程网卡、可编程交换机等高速定制化的新型网络技术，以及像 NVDIMM、IntelROptaneTM 等高吞吐量低时延的新型存储技术已逐渐成为新兴计算平台的主流技术。当我们直接将这些高速的新型硬件运用到现有系统中时，发现传统的软件技术已经很难将这些新型硬件的全部潜能给释放出来。这是因为，随着硬件技术的不断进步，整体系统中硬件延迟大幅降低，从而使传统系统中开销占比较低的软件开销迅速提升，成为系统的主要瓶颈。

在处理器方面，经过几十年的发展，半导体的制造工艺已经达到了 10 nm，非常接近工艺的物理极限，以至于摩尔定律很难再继续。对数据处理应用来说，硬件提升速度放缓，与数据增长速度差距逐渐加大，给处理器带来了新的挑战。多核 / 众核、GPGPU、FPGA 等技术的不断发展给数据处理应用带来了新的机遇：多核 / 众核技术可以使数据处理内部没有依赖关系的进程或线程真正地并行执行；GPGPU 采用的单指令多线程（Single Instruction Multiple Threads，SIMT）可以使大量线程并行地处理数据；FPGA 采用硬件加速的方式使得每一条指令执行得更快，同时也具有更短的时钟周期，从而使它的功耗更低。新兴的处理器技术使得加速数据处理成为可能，但是它也给传统的软件技术带来新的挑战，需要做出调整以适应处理器的变化。

在网络方面，随着以太网技术的发展，10 Gbps 以太网已经逐渐在数据中心普及，有的甚至可达 40 Gbps。此外，RDMA 的硬件价格也在不断降低，逐渐从传统的高性能计算领域走向数据中心的普通集群。在这些高速的网络硬件上，基于内核的 TCP/IP 协议栈的软件开销所占比例已经很大，变得不可被忽视。Simon Peter 等人通过在内核和用户空间进程中记录时间戳的方式，分析了网络软件栈的开销。从表中我们发现，在 Linux 中，基于内核的 TCP/IP 协议栈花费在报文处理上的时间约为 70%，主要原因是各层参数的软件多路分解和安全性检查。为了进一步释放高速网络带来的红利，内核旁路、零拷贝、轮询等技术被新型网络软件栈广泛采用。

在存储方面，新型非易失存储器（Non-Volatile Memory，NVM）的出现，使得 I/O 瓶颈得到很大缓解。IntelROptaneTM 技术革新了内存和存储，将存储时延降到了微秒级，有效地填充了内存和外设之间的存储鸿沟。与网络软件栈相同的是，硬件技术的突破无形之中也使软件技术的落后凸显。为了进一步说明这个问题，我们使用 fio 和 blktrace 工具通过实验分析了存储软件各部分的开销，如表 2 所示。随着硬件技术的进步，驱动和设备的访问时延从 3 791μs 显著降到 24μs。在 SATA HDD 中，文件系统的开销占比仅有不到 2%，而在 NVMe SSD 中，这部分所占比例迅速攀升到 63%。这些数据已经反映了改进构建在新硬件之上的存储软件系统的紧迫性。因此，提出了一些高效的策略，如多队列、内核旁路、轮询、消除上下文切换等，用于探索存储性能的极限。

可见，传统的数据处理软件栈已经很难发挥出新硬件带来的全部潜能，设计实现一套面向新硬件的数据处理软件栈迫在眉睫。近年来，大量研究工作也给出了许多不同的思想和方法，用于优化新硬件下的数据处理软件栈。与现有的综述论文不同的是，本节试图从计算、传输、存储等三个角度，对面向新硬件的软件技术研究现状进行全面梳理，分析该领域中已取得的进展以及存在的新问题和挑战，从而为未来探索数据处理性能"天花板"的研究提供有价值的参考。

一、新型硬件发展趋势

（一）异构的处理器

中央处理器（CPU）一直以来被广泛认为是计算机的心脏，是执行计算的主要硬件设备。为了适应各式各样的应用需求，它的功能更具一般化和通用性。在四十多年的发展中，从最初的 Intel 4004 到最近的 Intel Xeon Platinum 8180，单核性能已提高了 35 000 多倍。然而，最近十年，由于半导体制造工艺已经接近物理极限，单核性能也很难再有较大的提升，通用 CPU 逐渐开始转向多核 / 众核的方向。例如，Intel Xeon Platinum 8180 单颗处理器就多达 28 个物理核。通过增加核数的方式来提高并行度，进一步提升了 CPU 的数据处理能力。面对呈现指数级增长的海量数据，仅通过增加 CPU 核数，已很难满足应用对并行计算能力的需求，于是，混合 GPGPU 的异构处理器系统就应运而生。但是阿姆达尔定律（Amdahl's Law）告诉我们，当一个程序的可串行负载达到一定阈值（或可并行负载低到一定程度）时，无论怎么增加 CPU 核数也不会带来很大的性能提升，有时候甚至可能因为竞争资源导致性能下降。为了进一步提升系统的整体性能，引入 FPGA，采用硬件方式加速数据处理成为新的趋势。

目前主流的数据中心服务器采用 CPU+GPGPU+FPGA 的异构处理器体系，GPGPU 和 FPGA 通过 PCIe 总线与 CPU 相连，CPU 与 CPU 之间通过 QPI 连接。GPGPU 是一种支持通用计算的图形处理器，不仅拥有传统显卡的图形处理能力，也具备类似 CPU 的通用计算能力。目前，最新 NVDIA TESLA P40 采用帕斯卡架构，单精度浮点运算能力高达 12 TeraFLOPS，整数运算能力高达 47 万亿次 /s。如果一台服务器配置了 8 块 TESLA P40，则它的处理能力完全可以与 140 台 CPU 服务器的性能媲美。然而，CPU 和 GPGPU 的能耗也是一个不容忽视的问题。因此，也有些服务器搭载了主频更低、能耗更少的 FPGA 处理器，通过硬件方式加速数据处理，提高整体性能。随着 OpenCL 的发展，FPGA 的编程也变得越来越简单，仅需要通过 C/C++ 添加适当的 pragma 就能实现 FPGA 的编程，这也从某种程度上推动了 FPGA 进一步的发展。

（二）可编程的高速网络

遵循端到端原则的 TCP/IP 协议栈，经过三十多年的实践检验，被证明是一种高效的结构，它既降低了因特网的复杂度也易于增加新的应用。但是，一些新兴应用所需要的网络服务，例如，服务质量保证、多播支持、移动性支持等，无法仅由端系统提供，需要中间的路由器 / 交换机提供支持。与此同时，处理器主频的发展脚步慢了下来，开始转向多核和并行，然而程序的可并行度又受到不可并行部分的占比所限制。因此，人们开始将 FPGA 与网卡集成，与交换机集成。这既能满足新兴应用的需要，也可以卸载一部分 CPU 的负载到网络设备上，进一步提高整个系统的数据处理能力。

目前，Netronome 公司的 Agilio SmartNICs 可以在通用的 x86 商用服务器上使用，并且可以支持不同速率的以太网，例如，10GbE、25GbE、40GbE 以及 50GbE。这种带有计算能力的网卡不仅给自身带来了更大的灵活性，也缩短了传统的网卡到内存再到 CPU 的数据处理路径，仅仅需要网卡与内存之间的交互就足够了。用户可编程的交换机如雨后春笋般不断涌现，例如，Barefoot Tofino，一个 65Tb/s（65x100GbE 或 260x25GbE）全可编程的以太网交换机，Cavium Xpliant 系列，是面向数据中心的可编程的以太网交换机，可以适用于 1 G/10 G/25 G/100 G 网络。这些可编程的网络技术使得数据中心依靠传统的中间件来解决的问题，如：负载均衡、地址翻译、探查 DDoS 攻击、设备迁移，可以高效地被折叠进可编程的网络中，进一步改善了整体的应用性能，同时，也使得网络变得更加灵活、应用具体化。

（三）新型非易失存储

基于 DRAM 的易失性存储器的访问时延在几十纳秒左右，而传统的机械硬盘的访问时延在 1~10 毫秒之间，以至于内存和外设之间的差异达到几十万倍，形成了很大的鸿沟。近些年，高速发展的闪存技术仅仅能将外设的时延降低到几百微秒，并不能填补内存和外设的速度差异。一些新型的非易失性存储器（NVM）开始出现，寻求使用新型替代存储介质来突破 I/O 瓶颈，典型的存储介质有：相变存储器（PCM），利用硫属化物材料在"无定形相（高阻态）"和"结晶相（低阻态）"两种状态间阻值的变化进行数据存储；自旋矩传输磁存储器（STT-RAM），利用磁隧穿结（MTJ）来存储数据的工艺，在 MTJ 中，隧穿绝缘体薄层被置于两层强磁性介质中；电阻式存储器（RRAM），利用阻值变化进行数据存储的技术。

同时，英特尔和美光也在芯片的制造工艺方面做出了革命性的创新，研发出了新型的 3D 堆叠技术，将传统的二维芯片制造推到了三维空间。这种堆叠技术很好地解决了内存控制器瓶颈问题，降低了访问时延，提高了设备的带宽。IntelROptaneTM 系列产品就是这项技术市场化的产物，它有两种不同规格，分别是 Optane 内存和 Optane 固态硬盘。它们将设备的访问时延降到了十微秒量级，很好地填补了内存和外设之间的存储鸿沟。同时，这些先进的技术也给构建在硬件之上的数据处理软件带来新的机遇和挑战，促使整个软件栈做出调整来适应高速的存储硬件。

二、新型计算技术

（一）多核

佐治亚理工学院的研究团队针对多核系统提出一种可拓展的定序原语——ORDO，改善了现有的并发控制中采用原子指令解决高速缓存行冲突问题的可拓展性。在多核、多 CPU 的服务器上，定序需要使用非常昂贵的原子指令，这也很大程度上限制多核结构的并行性。因此，ORDO 采用了一个全局恒定的同步硬件时钟，并且它也是一个对多核架构友好和具有不确定性窗口的时钟。此外，作者也通过使用他们所提出的 ORDO 原语，做了大量的实验，验证基于四种不同架构（Intel Xeon、Xeon Phi、AMD 和 ARM）的算法和系统软件（例如，RLU、OCC、Hekaton、TL2 和进程分叉）的可拓展性是否得到改善。实验结果表明，这些不同的算法和系统软件均得到了很好的改善。

麻省理工学院的研究团队提出了一种新颖的文件系统设计——ScaleFS，它采用与每个 CPU 核绑定的操作日志，解耦了在内存和磁盘中的文件系统。这种设计使得高度并发地访问内存中共享的数据结构成为可能，这是因为并行的存/取操作没有缓存冲突，可以并行执行，因此，可以使文件系统的性能得到完美地线性扩展。ScaleFS 在每个 CPU 核对应的日志中记录相应的操作，以便它们可以被延迟，直到 fsync 系统调用才更新到磁盘中。

fsync 系统调用将会合并每个 CPU 核的日志，并将这些操作应用到磁盘上。ScaleFS 通过使用基于时间戳的线性化点、计算操作的依赖关系和吸收操作等技术，既保证了良好的执行合并性能，又确保了最终操作的正确性。

除了上述 ORDO 和 ScaleFS 在高速缓存行方面的优化以外，随着内存计算技术的兴起，也有许多研究者尝试在 NUMA 架构方面做出努力，改善访问本地和远端内存不对称的问题，进一步提高系统的整体性能，如，内存分配与调度、并行查询评估等。通过上述这些工作，我们发现目前基于多核体系结构的软件优化技术，主要采用减少软件系统中数据冲突方法，并提高阿姆达尔定律中可并行部分的占比，从而实现更高的并行性，达到加速上层数据处理应用的目的。

（二）GPGPU

由于 OLAP 中的任务执行模式非常符合 SIMT 特征，因此，在 OLAP 系统中实现数据并行计算是较为容易的。大量的数据可以被切分成多个数据块，将数据块作为并行执行的基本单位。所以 OLAP 的场景适合 GPGPU 的处理模型，开发者可以将多个数据块分配到多个不同线程块上并行执行。随着一台服务器中 GPU 数量的不断增加，PCIe 的带宽成为新的瓶颈。英伟达公司研发出新型 NVLink 技术，这也是 GPU 数据库与 PCIe 传输带宽瓶颈的一个解决方案。在 CPU/GPGPU 的异构体系结构中设计任务调度的框架，以及设计更为高效的算法来优化数据操作是当前研究的重点。

GDB 是一个基于 GPGPU 开发的完整的查询处理系统，包含了一系列基于 GPGPU 架构的高度优化的操作原语和关系算子，并设计了代价估算模型来估算 GPGPU 上的查询执行时间。马格德堡大学的研究团队提出了一个针对列存储数据库设计的混合查询执行引擎——HyPE，能够综合 CPU 和 GPGPU 的特点，生成混合式查询计划，并基于代价估算模型对查询计划进行优化。在异构处理器查询执行时间的估算中，HyPE 采用基于学习的自调整决策模型，在输入数据集和结果执行时间之间找到关联，并采用统计方法进行学习。当有足够的观察对象时，统计方法将会拟合出一个近似的时间估算函数。麻省理工学院的研究人员开发的 MapD 是成功商业化并更具实用性的新型大规模并行数据库，它利用 LLVM 编译框架将 SQL 语句编译成 GPU 原生代码加速计算。除了上述关于查询引擎的工作，还有基于现有的大数据分析和数据库平台进行改进和优化的工作，如 Spark-GPU、PG-Strom 等。

OLAP 型负载关注在大量数据情况下的单条查询的分析效率，这与 SIMT 的数据并行执行模型非常契合，使得 GPGPU 在 OLAP 应用中可以很好地并行执行。相反地，OLTP 型的负载要求在短时间内处理大量事务，对处理的并行度以及吞吐量的要求更高。因此，GPGPU 单指令多数据流的方式不适合 OLTP 应用。为了改善这种不适应性，南洋理工大学和香港中文大学提出并实现了一个面向 OLTP 应用的 GPGPU 事务执行引擎 GPUTx。GPUTx 将多个事务聚集到一个块上，作为一个任务执行，借此获得更高的吞吐量。块执行模式只支持预先定义的事务类型，需要给出明确的执行策略。开发者根据块中的事务是否按其时间戳顺序递增执行来判断一个块事务模型是否执行成功。

（三）FPGA

现阶段，在数据处理领域，使用 FPGA 加速计算主要是针对某些特定的场景和算法。David Sidler 等人探讨了如何在数据中心中优化和改进基于 FPGA 的 TCP/IP 协议栈，以及极大程度地减少尾延迟问题。Kaan Kara 等人通过使用 FPGA 加速基于哈希的数据分片，将 FPGA 芯片作为协处理器放置在其中的一个插槽上，采用 QPI 技术与 CPU 相连，首先将带分布的数据加载到高速缓存行中，然后在 FPGA 上执行分片写回操作。David Sidler 等人采用一个基于 Intel Xeon+FPGA 的混合架构加速传统数据库 MonetDB 中的模式匹配查询，首先在 CPU 上进行作业调度和分配，然后在 FPGA 上实现了一个状态机，执行具体的状态转换和正则匹配。

除了上述这些特定的工作以外，也有研究者尝试在 FPGA 或 FPGA+CPU 中实现一个完整的软件系统。Zsolt Istvan 等人基于 FPGA 实现了一个就近的键值数据存储引擎 Caribou。它采用了 Cuckoo 哈希表的方式存储键值对，使用基于位图的方式分配和管理 BRAM 和 DRAM 的内存，在 FPGA 上采用执行流水和数据并行的两种策略加速查询操作。张铁赢等人充分利用异构计算的体系结构进行软硬协同设计，实现了一个兼容 MySQL 的关系型数据库系统 X-DB。X-DB 采用 FPGA 的流水线和 Intel QAT 技术，实现数据的解压缩。IBM 的数据仓库分析系统 PureData，其前身是 Netezza，采用 FPGA 和多核相结合的协同处理技术加速计算，同时这项技术也逐渐被商用 DB2 所采用。我们相信，随着计算机体系结构的发展，会有越来越多的系统采用 FPGA 来加速数据处理，进一步减少整个软件栈的开销。

三、新型网络技术

（一）数据面与控制面

在传统系统内核中，将数据面和控制面混在一起，导致了许多不必要的软件开销，如，系统调用、内存拷贝等。随着高速网络的发展，数据面和控制面分离成为一种新的趋势，因此，有许多研究者在此方面做出努力和尝试。华盛顿大学和苏黎世联邦理工学院研究团队提出了操作系统仅作为控制面的方案 Arrakis，将传统的 I/O 数据路径从内核中隔离出来，提供一个用户级的库与硬件设备直接交互，访问控制和硬件配置等工作仍然保留在内核之中，这样提高了系统的安全性。斯坦福大学和洛桑联邦理工学院研究团队提出了一个高吞吐量和低延迟、并且数据面和控制面分离的操作系统 IX，使用硬件虚拟化技术将内核的管理和调度功能（控制面）与网络处理（数据面）分开，提供了一个零拷贝、原生的编程接口，使得应用可以直接操作 I/O 数据。

Intel 工程师们也开发出了一套用户态数据面套件 DPDK，它提供了高效灵活的包处理解决方案。在 DPDK 中，开源社区的工程师们实现了一套多核和大内存页的框架，以及一整套轮询模式的驱动和无锁的环形缓存。韩国科学技术院和普林斯顿研究团队，也针对多核系统实现了一套可拓展的用户态 TCP 协议栈——mTCP，采用不共享文件描述符和批处理的方式进行报文收发，同时也提供一套支持类似于传统内核接口的编程模型，方便了上层应用。这些将数据面和控制面分离，以及将传统基于内核的数据处理迁移到用户空间的研究工作，减少了传统内核模式下上下文切换、内存拷贝、中断等带来的软件开销，使得高速网络的潜能得到进一步释放。

（二）远程直接数据存取

斯坦福的研究团队提出了一个基于 Infiniband 高速网络的新型内存键值存储系统 RAMCloud，它使用基于日志结构的内存管理策略改善高使用率情况下内存分配与回收效率，将读操作时延降到 5μs，写时延降到了 15μs。此外，他们也在 RAMCloud 系统中实现了辅助索引，为访问一个键值对提供了更多的索引方式。同时，他们还在系统中实现了线性化，提高了系统的一致性，使得其可以满足更多更复杂的应用场景。与 RAMCloud 类似，FaRM 和 MICA 都采用了 RDMA 技术优化数据传输，提高系统的整体性能。但是，不同的是，FaRM 和 MICA 更加关注系统的整体吞吐量，在此方面做了许多优化工作，使得 RDMA 高吞吐量的特性进一步得到体现。

除了上述这些 NoSQL 系统，传统的关系型数据库系统也开始使用 RDMA 技术。阿里巴巴数据库团队使用了基于以太网的 RDMA 和 NVMe SSD 技术实现了关系型数据库 PolarD，它借助 RDMA 提升网络交互的效率，利用 NVMe SSD 来提升单机 I/O 的性能，将计算层和存储层分离。此外，也有一些研究者使用 RDMA 技术优化查询处理、事务处理等操作。

（三）可计算的网络

随着 CPU 处理能力的提速趋于平稳，一些研究者利用两端的 RDMA 技术去加速通信。然而，当引入 RDMA 以后，CPU 的处理能力又成为新的瓶颈，限制了数据处理应用的整体性能。因此，中国科学技术大学和微软研究团队提出了一个与可编程网卡相结合的内存键值存储系统 KV-Direct。它将一部分的 CPU 负载卸载到可编程的网卡上，缩短数据处理的路径，进一步提高系统的整体性能。此外，约翰霍普金斯大学和 Barefoot 网络的研究团队，使用可编程的网络实现了一个驻留在交换机的缓存 NetCache，使得读数据的路径变得更短，提高了系统的读性能。NetCache 的核心是一个数据包处理流水线，利用现代可编程交换机在交换机数据面中有效地探测、索引、缓存，同时，也保证了缓存一致性。

也有一些工作将可计算的网络与非易失性存储器相结合，如，PASTE。PASTE 是由日本电气公司欧洲实验室和比萨大学的研究团队共同研发，是一种新的 NVMM 网络编程接口，支持标准的网络协议，如 TCP 和 UDP。同时，它也将可编程网卡与 NVMM 紧密结合，一旦数据经过网卡的 DMA 到达主机内存，就将被永久驻留，不需要再次复制。此外，微软 Azure 云也在开始使用基于 FPGA 的定制可编程网卡 SmartNIC 来加速云上的数据处理应用。

四、新型存储技术

（一）一致性与编程模型

非易失性内存的一致性问题源于缓存到内存的乱序写，以及 NVM 中数据的部分写。因为缓存中的数据被刷入内存时是乱序执行的，在故障重启后的 NVM 中，可能存在只写了一半的数据或非连续的数据。为了解决 NVM 的一致性问题，学术界做出了很多努力。

NV-Heap 致力于提供安全的接口来构建持久化对象，它保证了指针安全，提供了一组简单的原语，例如，持久性对象、专用指针类型、内存分配器，来保证一致性。不同于 NV-Heap 基于对象的存储，Mnemosyne 支持多字长的事务。Mnemosyne 提出了一些编程接口来创建、管理非易失性内存，以及保证故障发生时数据的一致性。它提供了原语用于直接更新持久化数据，并通过轻量的事务机制保证数据的一致性更新。HEAPO 设计了本地的持久化堆结构以及相应的调用接口，利用 undo 日志和事务机制来保证写入操作的一致性。PMDK（Persistent Memory Development Kit）提供了一系列的库来简化基于存储级内存的编程工作。SAP 的研究人员尝试将 NVM 应用到商用 HANA 数据库中，他们针对如何判断 NVM 中数据的有效与否、系统重启后指针重定向以及 NVM 中无效数据的垃圾回收等问题给出了合适的解决策略。

（二）精简的机制

传统的数据处理机制面向磁盘等慢速设备设计，常常通过一些空间换时间、冗余操作来换取系统的一致性、持久性或高性能性。当 NVM 技术被引入后，这些原本有效的软件机制的开销也变得越来越不可忽略，逐渐成为新的性能瓶颈。

基于磁盘的存储系统通常采用预写式日志（Write-Ahead Logging，WAL）来保证数据的持久性，提升写操作的效率。WAL 机制保证了在事务被提交之前相关的事务日志已经被安全地持久化，防止因为断电或其他系统故障导致数据丢失。因为磁盘存在随机写和顺序写速度差较大的问题，通过 WAL 机制将随机写数据转化为顺序写日志，极大地提升了写操作的执行效率。与此同时，WAL 机制同样带来了数据冗余、写入放大以及资源消耗等问题。考虑到 NVM 的读写速度比磁盘快了一个数量级，并且随机写和顺序写差异较小，存储系统可以采取就地更新的方式，在写操作执行期间，不写 redo 日志，而是直接将更新后的数据写入 NVM。

Joy Arulraj 等人讨论并分析了就地更新、复制更新以及基于日志的更新方式三种情况下的系统恢复机制。因为 NVM 的非易失性，系统重启后，所有的更新数据仍在 NVM 中，不需要经过回放日志以及构造内存表的阶段，大大减少了系统恢复的时间。也正因为 NVM 的非易失性，导致 NVM 中存在大量无效的未提交数据，可以通过能感知 NVM 的分配器来回收无效空间。

I/O 速度显著提升，使得网络交互的代价逐渐成为数据复制过程中的新瓶颈。主要的改善策略包括减少网络交互的次数、引入快速的网络硬件以及减少不必要的拷贝开销。Mojim 使用了一套高度优化的网络栈以及复制策略来减少数据复制过程中的开销。它使用两层结构，第一层的节点之间保持强一致性，并通过 RDMA 进行消息传递。第一层和第二层节点之间的数据同步具有多种模式，可以在可用性、一致性以及性能之间权衡选择。

（三）轻量化的系统

除了精简软件机制，相较于快速的非易失性存储设备，存储软件栈本身存在过于厚重的问题。一些研究工作致力于对存储栈进行优化，使其更加轻量化。

SPDK 是由 Intel 开发的一系列库来帮助用户实现高效的存储应用。NVMe 驱动程序是其中的一个库，它提供了一种较为直接的、零拷贝的数据传输方式。NVMeDirect 作为一种用户态的存储框架，为应用提供了直接的操作接口来访问 NVMe 设备。不同于 SPDK，NVMeDirect 提供了更加灵活的队列管理机制，使得不同应用可以选择不同的队列调度以及完成方式。LightNVM 是一个位于内核空间的 Open-Channel SSD 子系统，提供了一系列的操作接口使得主机可以直接地访问底层的 Open-Channel SSD。还有一些工作通过绕过 Linux 内核、使用轮询的方式替代中断方式、消除不必要的上下文切换来减少存储栈的开销。

作为一个用户态的日志结构的文件系统，NOVA 通过为每一个 inode 提供独立的日志来提升并行性，并且将用户操作的文件数据从日志中分离来缩小日志大小，进而减少垃圾回收的代价。Aerie 是一个面向存储级内存设计的文件系统，它绕过了 Linux 内核，极大地减少了存储栈中文件系统层的开销。DevFS 创造性地将文件系统从操作系统中搬到存储设备中，使得文件系统和存储设备之间的访问路径更短。但是另一方面，缺少主机依托、CPU 资源受限、设备内存容量小等问题使得存储设备层面的文件系统仍然存在诸多使用限制。

随着新型硬件技术的发展，构建在其之上的传统软件技术已经变得不再适用，很难发挥出硬件变革带来的全部性能。为此，传统的软件系统需要做出改进以适应高速的计算、网络以及存储设备。在计算方面，将数据处理软件与异构计算的体系结构相结合，根据计算任务的特征，将任务的不同部分放到恰当的处理器上，以充分发挥出异构计算的性能。在网络方面，高速和可编程的网络技术潜移默化地改变上层的软件系统，使网络与应用的关系变得更加紧密，从而减少了一些不必要的开销，甚至可以探索应用具体的网络计算技术。在存储方面，新型非易失存储器的出现，改变着现有系统的存储结构，给上层应用带来许多可能，同时也带来像一致性、持久性、安全性等诸多挑战。未来的研究工作，将基于学界、工业界已有的分布式数据处理软件系统，探索与新型硬件技术相结合、软硬件协同设计等技术，降低软件不适应引入的额外开销。总而言之，硬件技术的不断变革提升了数据处理系统的性能，相应地，软件技术需要针对新型硬件的特性做出适当的改变，将硬件潜在性能发挥到极致。

第二节　智慧校园建设中的数据处理技术

智慧校园的建设范围越来越广，数据处理技术在其中扮演着重要角色，因此，在智慧校园建设的过程中要准确把握数据处理技术，探索更加高效的办公模式。在智慧校园实际建设过程中，可以发现其中还存在多种问题，因为智慧校园地建设还缺乏一定的理论指导，智慧校园的建设具有盲目性，导致智慧校园的建设并没有充分发挥其理论上的效果。

一、智慧校园建设的目的

（一）时代发展的需求

随着时代的不断发展，人们对于物质和精神生活质量的要求越来越高。21 世纪以来，人类社会发生了翻天覆地的变化，"互联网、大数据、人工智能、云计算"等词充斥着我们的生活，为人们的生活提供了极大的便捷。教育贯穿着人的一生，是人成长的基础，为顺应社会的变化，校园建设也要探寻新的发展方向。智慧校园的建设满足了社会不断发展需求，摒弃了传统教育中存在的弊端，建设良好的校园环境是非常有必要的。智慧校园的建设完善了教育工作管理体系，从根本上促进了教育模式向智能化、信息化方向发展，为学生提供开放式的教育环境，从多种途径获取知识，培养全面发展型人才，是时代不断发展的必然趋势。

（二）国家规定

2010 年的"十二五"规划中明确提出建设智慧校园，2016 年"智慧校园"被纳入全国教育信息化工作要点，随后，全国各地学校都在致力于建设智慧校园。我国教育部相关条例规定，智慧校园的建设需要将数字化管理与教学管理、校园环境建设融合在一起，利用先进的科学技术，促进校园向智能化的方向不断发展。将人才、设备以及各种资源进行整合，使校园成为一个有机的整体，建立双向交流的多平台资源库，实现校园信息共享，扩大学生的学习空间。

（三）教育理念转变

传统的教育大多是学生被动学习，接触到的内容更多是书本上的知识，课外拓展知识少，不利于学生更好地发展，也不利于学生在社会中生存。新时代到来，使得世界更加丰富多彩，同时也要求学生掌握更多的知识，拥有更加开阔的思维以及创新能力，相应而来的便是建设智慧校园，为学生提供更广阔的学习平台。学校是学生发展的重要载体，建设智慧校园需要学校结合先进的科学技术，为师生提供优质的工作和学习环境，促进教育事业水平稳步提升，培养学生正确的价值观，更好地适应社会需求。

二、智慧校园建设中的数据处理技术

（一）数据处理技术特点

在建设智慧校园的过程中需要运用到多种技术，包括数据分析、互联网技术、物联网技术等，互联网和非计算机对象通过互联网技术联系起来，从而达到数据处理的目的。对于整个数据处理过程而言，相对比较复杂，包括对信息的采集、收集、整理、储存等多个步骤，充分将信息进行整合，将信息直观地表现出来，以提升工作人员的工作效率。因此，数据处理技术在智慧校园的建设中起着至关重要的作用。

（二）数据处理技术

1. 数据采集

收集信息是数据处理技术的基础，在建设智慧校园的过程中，对于信息的收集主要包括教学过程中各种文档、教案以及其他各类资料等等。通过对信息的收集可以看出需要整理的数据规模十分庞大，并且不同的数据其分类不同、结构不同，需要对其进行科学的划分和整理。教学数据主要的特点是变化速度快，增长幅度大，数据收集工作需要实时进行，以保证不会造成数据丢失的问题，分层管理数据，规范数据管理工作，促进教学数据能够得到最高的利用效率。

2. 数据储存

完成数据收集、整理工作之后便开始要进行信息储存工作，智慧校园的建设要求将结构化的数据进行集中储存，反之，对于结构不是很明显的数据进行分散式储存。在进行数据储存的工作时，不能盲目地将各种数据混合储存，不利于后期数据的查找工作，同时，还要对重要的数据资料进行备份，以免发生资料丢失的情况，造成严重的后果。各种数据对于学校的发展来说都是具有非常重要的参考价值的，因此，在学校建设智慧校园的时候要紧抓数据储存工作，为今后的发展做好铺垫。

3. 数据分析

进行完前两步工作之后就需要利用计算机进行数据分析工作，可以利用各种先进的科学技术将数据转化为统计图、表格等能够直观了解的形式，将复杂的数据进行整合，利用科学的方式将各种数据在同一个分析文档当中，直观地将多组数据进行对比、分析，能够大大提高教职员工的工作效率。利用计算机技术很好地摆脱了传统的人工统计、分析这一复杂的过程，减少了人力物力的浪费，也大大提高了数据分析的精确度，是时代发展所必须具备的一项技能。

智慧校园建设中的数据处理技术能够很好地将复杂的数据进行整合，使其表现得更加具体化、形象化，有效地反映了校园建设中的真实情况。利用计算机，可以将学生家长与学校有机地联系在一起，学生家长可以随时了解学生的学习情况，并及时对学生开展教育工作，有利于学生成绩的提升。同时，数据处理技术在实际使用过程中还存在一定的弊端，需要相关的教育工作者不断探索新的处理方案，完善教育工作。校园的数据处理技术还要充分结合该学校的实际情况，认真落实数据处理工作，建设智慧校园。

第三节　智能电网大数据处理技术

近年来，随着科学技术的进步与发展，人们对于资源的开采与使用速度越来越快，全球的能源问题日益严峻，其中被人们使用最多的能源无疑是电力。但是在电的输送过程中，仍有许多的耗散，因此多个国家都开展了智能电网的研究工作，以期对目前的电网进行技术改造。本节在对智能电网大数据简单介绍的基础上，对其现状与发展前景、机遇和挑战进行探讨，希望能对我国智能电网的建设工作有所助益。

一、智能电网大数据处理技术概述

（一）智能电网大数据

当前，智能电网中的数据有三个类型：一是电网运行过程中设备的检测和监测数据，二是电力行业中相关企业的营销数据，三是电力行业中相关企业的管理数据。为了保证在电网运行过程中及时准确地得到相关数据，我们需要在电网运行设备中设置尽可能多的数据采集点，且时常进行数据采集。随着智能电网的发展，原本电网数据中的非结构数据由于不方便使用二位逻辑表现，故而运用较少，也在呈指数形式增长，逐渐成为智能电网中的重要组成部分。电网中的数据类型种类繁多，来源包括用电侧、输变电侧、发电侧等。

（二）大数据处理技术

大数据近年来已成为各行各业关注的焦点，不同行业都需要收集大量数据进行分析，以寻求较好的发展。而数据收集之后，怎么处理、分析和应用成了一个更加重要的问题，如果缺少对数据的挖掘分析，那么大数据的可利用价值也将受到损失；同时，一个国家分析和应用大数据的能力也是综合国力的体现方式之一。在智能电网中，大数据的处理方式也是必不可少的，虽然目前在其他行业，云平台已经成为新兴起的热点，但由于不具有时效性，无法较多地应用到智能电网的大数据研究中。因此，如何分析电网大数据就成为我们研究的重点。

二、智能电网大数据的特点

（一）数据量大

随着智能电网的发展，以及社会对于电量的需求不断增长，电网的数据量也不断增长，已经从 TE 级别跃升到 PB 级别。数据的量越大，需要相关人员做的工作也就越繁杂。

（二）类型多

智能电网中的数据类型种类繁多，包括文本数据、结构数据、非结构数据、时间序列数据等等，因此对于不同类型的数据，在处理时要采用不同的方式。并且对于不同类型的数据，对其进行收集、查询和处理的频率与方式也不尽相同，因此对于技术人员也提出了新的挑战。

（三）速度快

在智能电网中，大数据的处理可以在极短的时间内完成，甚至达到微秒级计算速度，并且对于在线数据处理性能和处理速度方面的要求也远高于离线数据。利用大数据处理技术，技术人员可以在几分之一秒内完成对大量数据的分析，从而为决策的制定提供数据支持。

（四）分布广

根据数据的来源分类，将智能电网大数据分为电力企业内部数据和电力企业外部数据两大类，再进一步划分，电力企业内部数据源主要包括广域量测系统、生产管理系统、客户服务系统、财务管理系统、数据采集与监控系统等；电力企业外部数据源包括地理信息系统、气象信息系统、公共服务部门数据、互联网数据等。这些数据由不同单位、部门管理，分散放置在不同地方，分布极广。

三、目前的智能电网大数据处理技术分析

（一）数据集成技术

智能电网大数据具有的数据量大、类型多、速度快、分布广等特点，这些特征给大数据处理带来极大的困难。因此，为了处理智能电网大数据，首要的一点是以数据抽取、转换、剔除、修正等方式对数据源进行数据集成。其中，由于智能电网大数据集成涉及多种类型的应用系统，而这些系统类型和特征复杂，在数据规模、数据类型和实时性要求等方面存在较大的差异，单靠哪一种技术都很难完成，因此需要结合多种技术、综合考虑各种因素，建立一致、完备、有效的智能电网大数据系统。以 ETL（extract、transform、load）为例，其主要环节有三步：首先是数据抽取，从源数据源系统抽取目的数据源系统需要的数据；其次是数据转换和加工，按照业务需求，将上一步骤获取到的数据转换成目的数据

源要求的形式，并对错误、不一致的数据进行清洗和加工；最后是数据加载，将转换后的数据加载到目的数据源。

（二）数据运输与存储技术

智能电网中的数据量大且类型多，在数据的采集以及从采集到分析的过程中，面临的一个重要问题就是数据该如何传输和存储，同时需保证数据的完整和准确性。运用数据压缩的方式可以减少数据传输的量，但重点是采取哪种方法。从另一个方面来讲，数据的压缩与解压过程也需要占用资源与成本，因此要合理安排。对于不同的情况以及不同规模的数据，要根据数据的重要性、实时性、速度等选择不同的算法进行压缩与解压。

至于数据的存储方面，目前使用较多的是分布式文件系统。智能电网中的数据量大且种类多，因此首先要做的是对数据进行分类，然后分别进行存储。有的数据具有较强的时效性，必须单独存储，可建立一个实时数据库系统。在电网数据中，非结构数据所占的比重会逐渐增加，但在存储中，非结构数据无法直接存储，需先转化为结构数据才能存储。

（三）并行数据库

并行数据库是数据库的一种，属于新一代具有高性能的一个根据 MPP 并且处于集群并行计算环境的数据库系统。该数据库可以保证数据存储的安全以及电网运行的稳定，并且可以实现多个用户对其同时访问而不影响系统的正常工作，同时可以对数据进行快速的处理。但不足的是，并行数据库系统只适用于结构数据，非结构数据要先转化为结构数据，该数据库存储数据的容量是有限的，且扩展性较差，制约了系统对数据的存储及分析能力。

（四）云计算技术

在互联网中的相关服务的增加、使用和交互模式的基础上，出于信息处理方便简单方面的考虑，出现了云计算技术，主要涉及的是虚拟化资源，这类资源需通过互联网提供，通常这类数据是动态的并且易于扩展的。选择云计算最重要的原因是其可以存储大量的数据，不必担心存储空间不足，同时采用了数据并行处理技术。分布式文件系统也是云计算核心思想的一种体现。但正如之前所说，云计算缺乏时效性，有时会影响数据及时的分析和处理，降低效率，因此仍有待进一步改进。云计算平台虽然可以实现数据存储空间的极大扩展，但数据的隐私性较差，安全性无法保证，当有重要数据存储时，如发生数据的丢失与破坏，会造成重大损失。

四、智能电网大数据平台和应用框架

（一）大数据平台的建立

由于智能电网大数据应用需要统一数据接入、清洗、存储、管理，所以要通过构建在大数据之上来实现这些功能。智能电网大数据核心平台分为基础资源、数据管理、数据存储、数据分析与处理、平台服务和平台管控五个部分。其中，数据分析与处理是大数据平台的核心，根据具体业务需求，除了可以提供基础的批处理、流处理等功能，该部分还可实现图计算、内存计算、数据挖掘、统计分析、机器学习等通用的数据分析算法包或工具功能。

（二）应用框架的建设

目前，由于电力公司各个业务部门分别建有各自的信息化系统，它们采集的是不同时间断面的不同数据，记录的是特定时间断面的数据断面，因而不能反映电网对象的全部属性，在数据共享方面存在困难，急需构建统一数据模型来存储和管理智能电网各环节的数据。因此，在实践中通过电力系统稳定性分析与控制、输变电设备故障诊断、负荷预测、用户用电行为分析和社会经济状况分析和预测等具体步骤实现数据的实时采集和与智能电网各业务系统的数据交互。

五、新时代智能电网大数据处理技术的机遇与挑战

（一）数据的时效性

在智能电网中，数据量大，因此常常需要花费较长的时间进行传输、存储与分析，但有些数据是需要及时处理，但是现有的云计算平台并不能达到要求，而并行数据库系统数据存储量达不到要求，因此，数据处理的速度变得越来越重要，亟待解决。

（二）可视化分析技术

数据收集与处理在数据库以及相关系统中进行，但最后是要展示给用户，庞大的数据流并不能让用户直观地理解，需将其变成一种易于理解的方式，例如文字、图片，在此过程中，需将重要信息进行筛选，并转化为图片等形式，显示在屏幕上，实现与用户的交互。

（三）异构多数据源

随着智能电网的逐步发展，数据的来源渠道会越来越多，例如电网中发电、输送电、用电等过程都有海量数据产生，都需要及时收集，且数据的结构越来越多，处理的方式也不同，因此，在面对多种来源、多个结构的数据时如何处理，已成为我们当下需要解决的一个问题。

本节主要讲述了智能电网大数据技术的基础、现状以及需解决的问题，可以看到，智能电网大数据技术在未来的大量运用已成为必然。因此，对于智能电网大数据处理技术的发展，我们要时刻关注，寻找其中的最优解。

第四节　大数据时代的网络评论数据处理技术

互联网时代背景下，网络评论数据呈现爆发式增长，近年来对网评数据的处理技术的

研究受到广泛重视。文章探讨网络评论数据处理技术的研究现状，分析大数据背景下网络评论数据处理的主要技术。详细介绍网络评论数据处理技术具体应用措施，并提出应该全面分析和挖掘网络评论中的数据，在合理开展分析研究工作的同时，重点研究网络评论数据。力争在大数据时代下，有效应用网络评论数据处理技术，提升文本处理、分析、挖掘的工作效果，更好地完成相关网评数据的处理任务，为后续工作的有效开展夯实基础。

近年来在网络信息技术快速发展的过程中，信息传播形式发生了巨大改变，网络信息量开始不断增加，并具有信息产生及时、传播广泛等特点。通过文本挖掘技术提取网络评论中的信息内容，可以全面掌握、分析、研究和运用文本数据信息，有效完成网络评论的分析和研究工作。本节就大数据时代下网络评论数据的处理技术，提出几点技术的应用建议，旨在为相关网络评论数据的高效化处理提供帮助。

一、大数据时代的网络评论处理技术研究现状

网络评论数据，属于一种特殊的文本信息。文本挖掘又被称作文本数据库的知识发现，是一个从很多文本集合或者是数据库系统之内全面提取未知、有实用价值的知识信息的过程。广义的大数据分析技术在商业领域、社会治理等领域中已有广泛的应用，能够准确预测事物的一般规律及潜在联系。网络评论数据不仅具有非结构性数据的特点，还普遍具有中文语句中语法表示的多样性的特点，因此在挖掘文本观点过程中需要全面分析非事实性主观文本，导致文本数据分析挖掘的难度增加。到目前为止网络评论分析算法方面及解析精确度方面都处于不断探索的阶段。从该领域的研究现状来看，在大数据时代下的网络评论处理和挖掘技术主要有：

（一）分词技术

对于中文分词技术而言，就是将中文信息处理作为基础部分，部分系统在应用期间还能够进行新词、用户词标注处理，属于来源分词类型的应用系统。

（二）数据信息的提取分析与关联分析

在实际工作中提取信息的主要目的在于为用户提供事件、事实信息，便于查询使用，其中涉及时间信息、地点信息、人物信息、关系信息、事件信息等等，关联分析可以掌控不同分析变量取值之间的规则，明确时序关联特点和因果关联特点。

（三）分类分析技术

此类技术在应用期间能够明确设置数据分类的模型，利用模型针对不同类型的数据对象达到准确预测，开展相应的研究和分析活动。

二、大数据时代的网络评论数据处理技术应用措施

大数据时代背景下，为了有效应用网络评论数据处理技术，应该形成完善的分析处理

体系，有效开展网络评论的数据处理工作。具体的技术应用措施包括：

（一）合理提取关键词

大数据时代背景下的网络评论数据处理技术，主要是采用文本挖掘技术，涉及计算机与数学等学科属性。从技术方面来讲，分词方式与算法具有多元化的特点，当前在舆情、商业智能研究等领域中得到广泛应用。目前已有较多成熟的开源软件系统及界面友好的数据挖掘软件，操作者只需进行简单的处理就能够达到数据挖掘的目的，应用效果非常好。对于具体的网络评论数据处理技术应用期间，应该重点关注提取其中的关键词过程。一般情况下，新闻学的标题存在概况功能、总结功能，需要工作人员或是读者进行分析、研究和整理相应的摘要内容。因此，要想从海量文章之内掌握文章中心思想，应该迅速提取具有文章代表性的词汇或者是短语，将其应用在精化阅读方面与精准排序方面。在此过程中，可以采用数据挖掘工具、软件系统等，在线挖掘各种词汇，开展相应的分词处理工作、关键词提取工作，提取整合成为新闻摘要。具体的网络评论数据处理技术应用期间，还应该注重关键词的提取，按照不同语境背景下的网络评论数据内容特点，开展针对性的处理工作，形成良好的数据处理模式。

（二）合理分析舆情信息

大数据网络信息环境中的数据庞大，人们所面临的问题并非数据信息匮乏，而是经常会出现信息过载现象或是数据噪声现象，人们在大数据网络中不再只注重信息采集，更为强调数据信息的分析转化。在互联网时代下的评论数据信息属于舆论信息中的重要部分，在研究和分析的过程中，应该采用舆情系统技术加快舆情信息的获取速度，用以确保信息的质量。通过自动化采集数据内容、自动聚类处理文本，实现舆情信息主要内容的自动化分类处理、跟踪处理、明确话题的目标。当前在舆情分析的领域中，通过有效采集各种数据信息，将其存储在数据库系统中，然后提取其中的主题，发现热点问题、评估热点话题。在采用发现热点问题技术期间，可以通过文本聚类分析的手段，明确网络中的舆情热点内容，提取其中的热点事件，开展数据信息的处理工作，去除其中的噪声信息内容。通过中文聚类处理方式与分类处理方式完成舆情处理工作，按照每个领域的词库系统内容，实现最终的数据处理目的。

（三）采用社会网络分析技术

在实际工作中可以采用社会网络分析技术，通过关联分析的形式查找网络评论数据中的意见领袖，准确识别意见持有者，明确影响力最高的用户。对于网络评论中的意见领袖而言，能够在短时间直接性或是间接性对很多用户产生影响。在此情况下，要有效解决社会网络中的问题，应该挖掘网络评论数据中的意见领袖，有效开展舆论引导工作，满足实际工作要求。实际工作中还可以采用用户属性分类的处理技术，挖掘意见领袖，按照用户的关注度、粉丝数量、发帖数量、认证用户评分等特点，合理分析社会网络中的意见领袖数据信息，开展相应的分析研究工作。在采用相关数据处理技术期间，还可以采用软件分析工具，借助相关的数据关联性分析软件，整合网络中的可视化技术，形成有效的人机互动。在有效开展网络评论数据处理工作的情况下，提升数据处理技术的应用效果，满足当前大数据时代之下的网络评论数据处理需求，充分发挥数据处理技术的作用和优势。

（四）采用情感倾向性分析技术

通过情感倾向性分析技术，可以全面分析用户评价内容，了解到用户的情感态度，测量评价等级。使用网络爬虫工具处理，抓取获得文本中的语料，获取到海量的数据信息，最终将所有数据存储在数据库系统之内。在此期间，原始数据信息中会有很多无用、重复性的内容，具有无效性的特点，因此必须开展语料的预处理工作。将数据库系统中数据转变成为文本格式文件之后，利用停用词语开展过滤垃圾的处理工作。完成预处理任务以后，还应该开展分词处理工作，提取网络评论数据之内的关键词部分和特征词部分，通过分词技术，在海量评论数据中寻找主题词内容，例如，在分析网络中服装购物评论数据的过程中，可以提取到款式关键词、质量关键词、物流关键词，可以有效进行词语的归类处理，有针对性开展处理工作。其次，在实际工作中还可以通过主题词的分类处理，计算得到评论数据的情感倾向，明确用户的具体情感倾向特点，便于针对性研究和分析网络评论数据信息内容，提取到有价值的数据进行深入研究和探讨。需要注意的是，在运用数据处理技术期间，应该归纳总结相关的技术应用经验，不断增强各项技术的应用效果，满足大数据时代下的网络数据处理根本需求，形成系统化与科学化的工作体系。

三、大数据时代的网络评论数据处理技术应用的意义

近年来，互联网快速发展的过程中，网民数量增长速度飞快，舆论平台的数量与之俱增，主要包括论坛、微博、微信等众多虚拟社区平台。网络舆论平台是一个开放性的平台，不仅数据量巨大，还具有数据信息产生及时、互动性广泛、流动性强等特点，已经成为当前最为庞大的信息场。采用传统的数据收集、舆情分析方式，处理能力相对较低，对网络评论数据的分析效果会造成不利影响。采用网络评论数据处理技术，可以全面分析网络营销数据、舆情数据，挖掘网络评论数据中有价值的内容，可以确保数据分析与处理的时效性。尤其在挖掘网络评论数据期间，还能够从传播学角度、新闻学角度、社会学角度出发，深化研究相关的数据内容，利用文本挖掘的形式有效完成各项分析和研究工作。由此可见，大数据时代背景下，采用网络数据处理技术具有重要意义，应该予以一定的重视，确保网络评论数据的高效化分析和处理。

综上所述，在大数据时代背景下，网络评论数据处理技术的应用非常重要，不仅能够提升数据分析、提取、整理和研究的效果，还能转变传统的数据处理形式，有效完成各项数据处理的任务。因此，大数据时代背景下，合理运用网络评论数据处理技术，遵循技术应用原则，构建完善的技术体系，对大数据时代下网络评论数据的处理和分析具有重要意义。

第五节 基于云计算的大数据处理技术

在信息时代和互联网技术发展的背景下，为了满足市场大数据分析的需求，云计算模式产生并开始发展。本节结合云计算和大数据处理技术的特点分析两者的关系，进一步介绍了基于云计算下大数据存储、管理、分析和可视化技术，为相关研究提供新的思路。

大数据的应用是时代发展的趋势，满足了企业对消费者心理的探寻，加强了企业服务的精准化，进而提升企业的经济利益。大数据时代的数据处理是利用大量数据整理分析进而判断事物间的相互联系，保证了事物关系的确立。基于此，大数据处理技术的研究和应用更应该得到重视。

一、云计算和大数据处理技术的关系

云计算是第三次互联网技术改革的产物，能够通过互联网技术的应用做到将服务按用户需求进行分配，在满足用户需求的同时降低系统的运行成本。云计算能够从根本上改变人们的日常生活，包括生产、交易和工作等方面，是当今社会最具价值的研究之一。云计算和大数据处理技术在许多方面保持联系：首先，云计算技术中包含了对数据的存储、计算和网络服务，将互联网技术的各种基础功能融为一体。总体而言，云计算能够将数据计算能力商业化，使数据计算和处理为企业创造利益。其次，云计算拥有高效率、高质量和低成本等特点，符合企业对大数据处理技术的要求。云计算的存储空间也满足了大数据处理技术的应用的前提条件，避免了传统数据存储上的局限性，为技术的正常稳定运行提供保障。最后，云计算的应用不需要企业掌握专业化知识和技术，将用户群体最大化，满足大数据处理技术的基本要求。大数据处理技术对数据存储和计算分析的要求促进了云计算的发展，让云计算在计算方式、存储方式和运行管理上都有了创新性的进展。总而言之，云计算和大数据处理技术的发展是相辅相成、互相促进的。

二、基于云计算下的大数据处理技术

（一）大数据搜集技术

数据搜集又称为数据获取技术，是一种利用设备和技术将外部信息转接到内部系统的技术。相比于传统数据搜集，大数据搜集技术在数据数量上有着更高的要求，方法上主要分为集中搜集和分布搜集。其中集中搜集主要是从全局的角度进行整体数据的挖掘；分布搜集需要将搜集区域划分，从局部角度采集信息。云计算用户群体庞大和虚拟化运行的特点能够帮助提升大数据的搜集技术。一方面，云计算的应用更不需要用户具有专业性的知识和技术，有效将目标用户最大化，进而增加大数据搜集的基础用户，满足大数据搜集的基本要求。另一方面，云计算是一种虚拟化技术，具有成本低，效率高的特点。虚拟化技术降低了人们是对信息搜集的排斥心理，不仅扩大了搜集范围，还能够在搜集信息的同时保证数据的准确性，提高大数据搜集效率，降低运行成本。

（二）大数据存储技术

云计算的应用更能够满足大数据处理技术的存储要求，保证数据的完整性，降低数据地管理成本。首先，区分于传统数据处理技术，大数据处理技术以搜集大量数据或者目标群体全部数据为研究对象，对于数据的完整性和全面性有着严格的要求。云计算是在互联网技术发展下产生的虚拟化技术，相比于传统存储技术的储存容量限制，云计算的虚拟空间能够有效保证数据的完整性。其次，大数据处理技术中搜集到的信息复杂烦琐，质量参差不齐，还包含许多无效数据。云计算的计算系统可以对搜集数据进行简单划分，为搜集数据标注属性，保证大数据存储上的类别和层次性。最后，传统数据存储技术不仅需要实际的空间和管理成本，并且还受到时间的限制，如果对信息和数据不及时维护翻新，不能保证信息的持续性保存。云计算的虚拟空间有效消除了时间和空间对数据的影响，其中复制技术更是提升数据存储的便捷性，能够有效保证数据的及时提取和计算分析。基于此，云计算技术为大数据存储提供了一个合适的平台，加快了信息时代的发展。

（三）大数据管理和分析技术

大数据的搜集和存储是大数据处理技术应用的前提，而大数据管理和分析就是大数据技术的核心价值体现。在大数据的管理上，云计算不仅能够做到内容的完整性和真实性，还能够保证数据管理的科学性规范性。一方面，相比于传统数据管理，云计算降低了管理费用和管理难度，可以保证企业对信息的随时调取。另一方面，云计算的运算系统能够将信息利用更科学化的方式进行分类别管理，并保存在虚拟空间中。这种存放在虚拟空间的管理方式有效地避免了数据提取的烦琐，加快了信息更换速度。同时，云计算还能够应用于大数据处理技术的数据分析上，主要表现为数据综合向处理和筛选，进而发现市场变化趋势。大数据处理技术需要实现数据分析才能表现技术价值，所以，云计算在大数据分析技术中的应用在大数据处理技术中扮演着重要角色。

（四）大数据可视化技术

云计算在大数据处理技术中的创新应用为数据的可视化管理。大数据可视化是在云计算技术的基础上，大数据实现深层次、多角度的分析挖掘出数据背后的潜在信息和隐藏信息，进而利用图形和表格的形式直观地表现出来。一方面，数据的可视化是建立在云计算下对数据的挖掘技术。云计算会根据互联网技术和数据分析的相关技术完成大数据的复杂处理，从全局考虑，以整体数据为原始数据，得出有价值的信息。云计算的信息挖掘技术保证数据的有效科学利用，满足了大数据处理技术的要求。另一方面，云计算将挖掘出的碎片信息排列汇总，发现潜在规律，进而得出市场发展趋势。然后数据可视化技术通过图表进行趋势的绘制，直观表达整体数据结果。这种直观表达能够帮助企业更好地理解数据处理结果，避免企业对结果理解上的误差。

综上所述，云计算和大数据处理技术的发展是相辅相成的，具体表现在大数据搜集技术、存储技术、管理和分析技术以及数据可视化技术等方向。云计算和大数据处理技术的有效融合能够促进我国科技的良好发展。

第九章　信息管理的实践应用研究

第一节　通信工程施工过程中的信息管理应用

通信建设项目也是一项系统工程，是一项共同的建设项目管理，具有独特的特点。应充分发挥优化技术和系统在通信工程项目建设和管理中的优势，在有效监督、控制和调整整个项目的同时节约成本和费用，以确保通信工程项目目标的实现，为经济和社会发展做出贡献。

科学技术和信息技术的发展，推动着通信工程的发展和进步。随着我国通信工程项目不断增加，每个人、各地区更频繁地交流与融合，推动着我国经济的发展，在目前社会中发挥着非常重要的作用。在通信工程中，信息化是整个工程最重要也是最基础的核心，对它的管理工作也是不容忽视的。信息能否得到有效的管理直接影响着通信信息传输的安全性和稳定性，因此，通信企业需要加强对通信信息的管理。

一、信息化管理需要留意的问题

（一）信息化管理与通信施工企业基础管理之间的联系

现如今，大多数企业都严重依赖于信息技术和电子商务技术，为了赶上潮流，忽视了企业的基本管理，尤其是如何进行信息化管理。因此，企业应不断提升管理水平，加大对信息化管理的重视程度和投入力度。

（二）引进的软件管理与自我开发之间的联系

通信企业应加强自我创新意识，创造属于自己的软件产品，并不断进行改进与完善，使其能够跟上我国通信行业的发展步伐。

（三）信息化管理与人才引进和培养之间的联系

通信企业需要加强对信息管理人员的管理，不断培养高素质人才，并与外界引进而来的人才相结合，加强他们的互相配合管理能力，为企业奠定一个良好的发展基础。

二、通信工程信息化管理的现状分析

（一）管理方式相对单一

就目前来看，国内很多通信企业在管理信息的时候，普遍应用着单一或者落后的管理模式，依旧采用较为传统的手工方式和简单的计算机设备方式来管理信息，使信息的管理质量得不到保障。这些传统的管理模式不仅不能对信息传输实施有效的控制和管理，而且还有可能导致信息出现安全问题，影响整个工程项目的信息安全。由于通信工程的信息管理较为特殊与复杂，它涉及的信息范围广、流量大，因此不适合采用传统的通信工程信息管理模式。

（二）管理系统协调性弱

在对信息进行管理的过程中，通信企业内部的各个部门只有相互配合，才能达到良好的管理效果。不过现在的通信工程信息管理中，普遍存在系统各个部分相对松散、配合能力不高、信息传输以及信息共享机制不合理等问题，导致信息的管理质量大幅降低。此外，如果各个部门单独运行而不重视各部门间的配合工作，就将会使信息与资源得不到有效共享，影响通信工程的顺利运行。

三、信息化管理在通信施工企业中的应用

通信施工企业通过计算机系统、网络系统和一系列的现代科技，实现各种信息资源的开发与利用，进而提高生产质量和生产效率。通过加大对信息管理和服务管理的力度，提升通信企业的核心竞争力，使企业能够在国内通信市场中占据主导地位。现如今，随着我国科技和通信领域的快速发展，涉及通信领域的企业也越来越多。企业要想在多企业竞争的情况下占据市场优势，就必须着力于对信息的管理，将用户的体验效果放在第一位。通信企业对信息技术的广泛应用，加强了相关资本流动的管理效果，影响了企业生产和管理的管理模式，改变了通信企业的本质。企业在对信息进行管理的时候，能够确保管理工作高质量、高效率完成，使企业在国内通信市场中的核心竞争力得到大幅提高。

（一）改进组织结构，优化业务流程

那些较为传统的组织结构存在着诸多问题，例如层次多、等级划分复杂、活力不足、信息传输不稳定、互相沟通困难、运行速度缓慢，等等。这些问题极大地影响了通信工程的运行质量。因此，通信企业需要改进传统的组织结构，彻底优化这些问题，使通信工程的运行更加快速、更加顺利。

（二）加强技术创新，促进产品多样化

随着信息化时代的到来，各个国家的信息已实现跨境和跨区域流动。信息的流动给工程施工单位带来非常大的商机，给通信企业创造了一个全新的市场，让通信工程施工单位

与供应商以及用户建立了较好的合作关系，大幅提升了通信企业的核心竞争力。

（三）提高通信企业整体的管理水平

对信息的有效管理，能够实现通信信息在不同位置、相同时间的传输。尤其是互联网信息时代，企业能够更加便捷地查找、获取传输与利用各种信息资源。通信企业在管理信息的过程中，不仅需要先进的计算机设备以及现代化的信息管理技术，而且还需要确保信息管理人员具有良好的综合素质。只有提高企业信息管理人员的素质，才能够提高企业对信息的管理能力以及其他领域的管理水平。

（四）注重部门的协作性，提高信息管理质量

通信工程信息的管理具有非常大的难度，因为其涉及范围广、信息流量大以及需要多部门之间的互相配合等。在项目的代码中，沟通项目的质量、成本和进度应该是一致的。在外部结构中，共享通信工程设计、施工和监理的数据，使各部分能够清晰地理解整个通信工程项目，提高信息管理的质量。信息管理系统的基础是需求分析、项目管理、资源分配和工程管理，所有环节都是必不可少的。需求分析指相关人员需要严格按照客户的需求来制订一个沟通工程要求的详细报告。项目管理仍在项目完成后提交的审核项目中，建立项目实施方案；资源配置是按照客户的要求来对文件进行周密部署，部署完成后还需要对其进行审批，确保部署的合理性。这些项目的建设是通信企业信息管理系统中最重要的内容。因此，在建设这些项目的时候，必须严格按照设计方案及相关规划制度进行。

总而言之，随着科学技术和信息技术的发展，通信工程得到了极大的发展和进步。通信工程项目不断增加，在现代社会中发挥着不可替代的作用。通信工程建设管理是信息管理的一个复杂过程。建设单位需要有一个广阔的视野来推动通信工程信息管理。只有这样才能获得一套详细的工程信息档案。

第二节　工程监理信息管理的应用

本节主要研究工程监理信息管理系统的应用效益。本节从工程监理信息管理概念出发，对信息管理过程中的基本途径进行探究，深入挖掘了工程监理信息管理的主要内容。除此之外，本节还在上述基础上结合实际工程，对工程监理信息管理的应用效益进行全面分析，深入探究该体系的工程价值。本节对工程监理信息管理工作的完善具有一定的积极作用。

工程监理信息管理可以从根本上优化工程内容和加快进度，改善工程项目的安全性、可靠性和有效性，对工程效益的提升具有至关重要的意义。传统工程监理信息管理工作开展的过程中只是对管理内容进行把握，并未对管理方法进行强调，这在很大程度上限制了工程监理信息管理水平，导致管理质量大打折扣。如何优化工程监理信息管理途径，形成

高效益管理体系已经成为人们关注的焦点。

一、工程监理信息管理概述

工程监理信息管理是由专业监理人员开展的设备、组织、资源等监理行为，需全面采集工程项目的各项信息并对其进行加工、传递、分析、处理和存储，以实现最优监控的目的。该项管理体系可以较好地提升工程项目施工质量，确保工程目标全面落实，对工程发展具有积极的作用。

我国工程监理信息管理工作主要由监理组织完成，通过监理组织明确项目施工过程中的投资状况、质量状况、合同落实状况、工程进度状况等，为工程提供相应的决策信息，以实现工程的实时调整和优化。该工作落实的过程中应贯穿工程的整个生命周期，与工程内容相协调。如在工程施工过程中要对工程信息存储体系进行构建，采用专门计算机系统对施工过程中的各项内容进行把握，形成科学信息管理体系，对施工过程中的各项信息及时存储、检索、统计、分析和监理。该管理工作不仅为工程建设提供了可靠的原始数据，大大降低了工程问题处理难度，还实现了工程质量管理的优化，为工程项目建设查证奠定了良好的基础，在工程中占据非常重要的地位。

二、工程监理信息管理的基本途径

工程监理信息管理工作落实的过程中要把握好信息化技术手段，对该内容进行合理利用，提升监理的真实性、实时性、系统性和层次性，这样才能够提升监理管理水平，保障工程施工质量和施工安全。

（一）明确制度，形成信息管理规范

科学的信息管理制度是改善工程监理信息管理效益的重要措施。在对工程监理信息管理体系进行构建的过程中人员要先把握好信息化监理理念，在该基础上形成信息制度，对信息化监理流程、监理内容、监理目标、监理要求等进行明确，从而实现监理工作的规范，构建强有力的管理约束机制。如施工环节过程中监理机构可以适当分析工程信息及工程文档管理需求，在上述内容上形成各阶段监理的主要环节，形成针对性文件内容，实施相应文件管理办法和条例，设定文件存储规范。

（二）构建系统，形成信息管理结构

工程监理信息管理工作开展的过程中要对信息管理系统进行明确，在该基础上合理构建信息管理结构，对系统信息进行科学化处理，从而实现监理效益的全面改善。选取计算机技术作为核心信息处理方式，通过计算机完成工程信息的采集、汇总、处理、分析及存储，对工程监理过程中的各项文件内容进行全面把握，形成内部信息管理结构；可以通过软件办公系统，如网络办公软件、信息处理软件等对工地现场监理结构进行构建，在该基

础上形成过程控制内容，完成工程信息的实时监理，形成外部信息管理结构。

（三）落实管理，拓展信息管理内容

工程监理信息管理体系构建的过程中要强调管理内容，在计算机信息管理工作基础上形成相应监理信息内容，其具体应主要包括：①工程质量监理信息：监理规划、监理实施细则、监理旁站方案及相关措施；危险性较大分部、分项工程监理实施细则，建筑节能监理规划、监理实施细则；针对实际情况发出监理工程师通知单（质量）、监理工作联系单、各检验批、分项、分部（子分部）、单位工程质量验收记录、工程质量评估报告等；②工程进度监理信息：施工进度控制方案、项目总进度计划图、进度目标分解图，进度控制工作流程图、进度控制工作制度、进度控制的风险分析、重要阶段的施工进度记录、施工进度专项报告、工程计量验收和签证、工程延误延期签证等；③工程投资监理信息：各年、季、月度资金使用计划、工程量和工作量的统计表、现场工程量签证、工程进度款支付证书、竣工结算审核文件和最终的工程款支付证书等；（4）合同管理信息：工程合同及相关文件（包括协议、纪要、通知、变更函等等）、监理工程师通知单（进度）、施工暂停令、复工令、工程变更通知单、工程延期延误签证、工程索赔签证等；（5）安全监理信息：施工安全监理专项方案、施工安全检查记录、施工安全旁站记录、监理工程师通知单（安全）、施工安全专项报告等；（6）文档管理信息：监理例会纪要、专项会议纪要、监理日记、监理月报、监理报告及监理原始记录和报表等。

三、工程监理信息管理的应用及效益分析

本次研究过程中主要以福州"三迪·凯旋枫丹"工程为例，对工程监理信息管理应用进行分析，结合工程具体内容，深入挖掘了工程监理信息管理的工程价值。

福州"三迪·凯旋枫丹"工程地上 37 层建筑面积为 90664m²，地下 2 层建筑面积为 39688m²，工程总造价为 2.8 亿元。在本次监理工作落实的过程中，监理项目部依照工程实际情况编制出《"三迪·凯旋枫丹"工程监理实施细则》，对工程施工过程进行具体的全面监理。例如：对砌体、模板分项工程采取巡视检查方式；对钢筋连接（电弧焊、电渣压力焊、机械连接），应先做工艺试验，采取见证取样送检方式。对隐蔽工程严格报验手续，在施工方自检合格的基础上，经监理检查、签认并做好验收纪录，方可进入下道工序施工；对工程监理信息管理内容进行细化，组织有关人员在现场抽验、核查，检查中有不符合设计及有关规范要求的，及时向施工单位发出整改通知单，整改后再复验确认；定期召开工地例会，根据工程需要组织召开专题协调会议，编写会议纪要，督促施工单位全面履行施工合同约定的质量目标。

上述工程监理信息管理系统从多方面改善了工程施工效益，形成了规范、科学、有序的监理体系，全面提升了工程质量，在福州"三迪·凯旋枫丹"工程管理过程中占据至关重要的地位。与此同时，该监理工作还形成了系统化、层次化的信息资料，为后续工程验

收提供了丰富的资料，从本质上提升了工程经济效益。该监理信息管理结果显示福州"三迪·凯旋枫丹"工程质量符合国家规范及设计要求，质量控制资料齐全，工程质量评定合格。（该工程已于 2011 年 10 月通过竣工验收并已投入使用）该监理信息管理内容为工程验收奠定了良好的基础，有效提高了工程风险控制效益，从根本上提升了工程安全性和可靠性。

工程监理信息管理工作落实的过程中要把握好施工进度、施工质量、投资控制、合同管理、组织协调、安全施工监督等基础性工作，对上述工作内容进行全面细化，形成系统化、层次化监理内容，最大限度提升工程监理水平；要对工程监理信息管理方法进行全面优化，不断提升信息化技术水平，改善信息化监理效益，从根本上提升工程监理信息管理体系的科学性、有效性和可靠性，全面加速我国工程监理信息管理发展进程。

第三节　大数据的部队装备信息管理应用

部队装备信息管理是部队一项全局性、基础性、经常性工作，是生成、巩固和提高部队信息战斗力的重要保障和基础性工作。随着当今世界科学技术的不断发展，我军部队的信息化程度也在不断提高，对以数据为中心的部队信息管理手段提出了更高的要求。然而，伴随着实战化训练要求的逐步加强，各类信息化装备在频繁训练、演习过程中必然产生了大量的数据，面对这些海量数据，我军部队传统的数据存储与分析模式的弊端日益凸显。当前我军正处于信息化建设的关键时期，装备在训练与执行任务时产生了大量与其相关的数据，这些数据在数量上与结构上都完全符合对于大数据的定义，受制于数据仓库容量与传统数据处理模式的制约，对于这类数据的存储与分析处理是传统数据仓库难以应对的，会造成大量数据隐含信息被忽略，因此，需要一种快速高效的信息管理模式对这些数据进行存储分析。本节从大数据的特点入手，结合目前部队装备信息管理，介绍了大数据在社会和军事方面的不同应用，分析了未来基于大数据的部队装备信息管理的发展趋势。

一、大数据的应用分析

伴随现代社会信息化的建设发展，数据成为社会各界的核心，影响着各界在各方面的决策，世界各国政府均十分重视大数据的应用，大数据在社会和军事方面有着广泛应用。

早在 2009 年，联合国就启动了"全球脉动计划"，拟通过大数据推动落后地区发展。2012 年 1 月世界经济论坛年会把"大数据、大影响"作为重要议题。美国奥巴马政府在 2012 年发布的《大数据研究和发展倡议》提出，投资 2 亿多美元用来支持对数据接入、组织、挖掘工具和技术的发展，并且进一步发展形成了包括 12 个部门和多机构的多项研究计划。当今国内大数据的地位也正在不断提升。在政府层面，经李克强总理签批，2015 年 9 月，国务院印发《促进大数据发展行动纲要》，系统部署大数据发展工作。在学术层面，国内许多高等院校及研究所开始成立大数据的科研机构，在产业层面，国内不少知名企业或组织也成立了大数据团队，力争在大数据产业竞争中占据领先地位。

（一）大数据在社会方面的应用

大数据常用于公共设施建立、医疗卫生、交通管理、人文教育等领域的事务管理。例如在医疗卫生管理方面，大数据可以有效预防季节性疾病或是突发病症；在交通管理方面，可以构建合理的交通系统，并且进行道路的规划与治理；在图书馆管理方面，大数据通过读者借阅情况规划图书的购入；在物流管理方面，依托大数据制定科学的物流解决方案，提高了其管理水平及效益。大数据同时在电力部门、企业商品开发、地理测绘等方面也产生了重大作用。

（二）大数据在军事方面的应用

大数据在众多领域都有着广泛应用的同时，在军事领域也得到了深入发展。在指挥控制领域，大数据可以实现对战局的"全维感知"以及通过高速的数据处理分析能力为指挥决策提供支撑；在综合后勤保障领域，依托大数据技术构建的后装保障系统，优化后装保障的精细化程度，通过快速的数据分析达到合理、高效的综合保障效果；在军事训练数据管理方面，大数据通过对大量训练数据的采集、存储和分析，为制定部队军事训练计划提供意见和建议。

二、基于大数据部队装备信息管理应用分析

习近平主席指出，装备管理是战斗力生成的重要基础，要把装备信息管理放在国防和军队现代化建设优先发展的战略位置来抓。在现代战争中，信息权成为夺取战场控制权的核心，一体化联合作战成为基本作战形式，部队装备信息管理数据研究（采集、存储和分析）在军事领域也就变得尤为重要。

（一）基于大数据的部队装备信息管理数据的采集

部队装备信息管理数据的采集，即指使用某种技术或者手段，从部队装备管理中获得原始数据的过程。数据采集不仅要考虑数据源的物理性质，还要考虑数据分析的目标。下面介绍三种常用的部队装备信息管理数据采集方法：传感器采集、系统日志采集和网络数据采集。

1. 传感器采集

传感器常用于测量物理环境变量并将其转化为可读的数字信号以待处理，通过有线或无线网络，信息被传送到数据采集点。部队装备信息管理过程中产生的数据，主要来自基站中的维修、检测、保障数据记录，这些数据大部分由传感器根据装备所处物理环境的改变提供。除此之外还可以从传感器测控链路中得到数据。这主要是传感器通过电磁波向装备操控站传送大量数据，操控站进一步将数据统一进行采集处理。

2. 系统日志采集

日志是广泛使用的数据采集方法之一，由装备信息管理数据源系统产生，以特殊的文件格式记录系统的活动。几乎所有在数字设备上运行的装备管理系统都会通过系统日志的方式向总平台传输实时数据。向装备管理系统反馈装备管理最新数据的 web 服务器日志文件格式有三种类型：通用日志文件格式、扩展日志文件格式和互联网信息服务（Internet Information Services，IIS）日志文件格式。所有日志文件格式都是 ASCII（American Standard Code for Information Interchange，美国信息交换标准代码）文本格式。装备管理数据库也可以用来替代文本节件存储日志信息，以提高海量日志仓库的查询效率。与物理传感器相比，日志文件可以看作"软件传感器"，许多部队装备信息管理系统实现的数据采集软件均属于此类。

3. 网络数据采集

网络数据采集是指利用网络爬虫技术（按照一定规则自动抓取网络信息的程序或脚本）实现有针对性、行业性、精确性的装备信息管理数据抓取。在部队装备信息管理中，通过网络爬虫从部队内部网页上抓取内容，并抽取出需要的装备信息管理数据，再为爬虫提供需要抓取装备信息管理数据网络的统一资源定位符（Uniform Resource Locator，URL），最后根据爬虫抓取的数据进行处理。

（二）基于大数据的部队装备信息管理数据的存储

数据存储是指数据源及数据流在加工过程中产生的临时文件或需要查找信息的存储。部队在以大数据为平台的装备信息管理过程中时刻都在产生大量的复杂数据，部队装备数据仓库时刻在记录各种多源异构数据，装备维修保障部门也在不停存储大量的保障维修数据。针对装备信息管理过程中数据的多样性、数量大、增长快等特点，基于大数据 Hadoop 平台建立装备信息管理的存储系统成为一项新的研究内容。

Hadoop 平台是 Apache 基金会推进的开源式项目。Hadoop 可以部署在大规模的廉价硬件集群上，特别适合于大规模数据的存储与分析处理，其三大核心部件是分布式文件系统（Hadoop Distributed File System，HDFS）、Map/Reduce 编程模式、分布式数据库系统 HBase。Hadoop 平台的 HDFS，可以实现计算节点上的数据存储，从而实现对数据的高吞吐率。在此主要对部队装备信息管理过程中产生的结构化数据与非结构化数据在 Hadoop 上的存储过程进行分析。

1. 结构化数据的存储

结构化数据又称行数据，是由二维表结构来逻辑表达和实现的数据。在部队装备信息管理过程中结构化数据主要是指地理环境、电磁环境、气象条件等数据。

装备信息管理过程中的结构化数据存储采用基于 SQL-Server2014 的 Microsoft 存储软件，与 Hadoop 系统协作构建存储系统，共同搭建数据仓库，将数据存放至指定名称的新建数据库中，连接原有数据与新建数据库完成数据存储。

2. 非结构化数据的存储

非结构化数据是指数据结构不规则或不完整，没有预定义的数据模型，不方便用数据库二维逻辑表来表现的数据。在部队装备信息管理过程中非结构化数据主要指传感器收集到的视频、图像等数据。装备信息管理过程中的非结构化数据是以文件的方式存储在 HDFS 中，同时将指向文件的链路或路径存储到建立在 HDFS 分布式文件系统之上的 HBase 数据库中。

通过以上一系列处理，将部队装备信息管理数据按种类进行存储，方便进行下一步的数据分析。

（三）基于大数据的部队装备信息管理数据分析

随着装备更新换代和性能提升，对装备信息管理方式提出更高要求。准确地对装备信息管理中产生的数据进行大数据分析，能够为指挥者提供一种更合适的决策辅助。大数据分析（Big Data Analytics，BDA）是大数据理念与方法的核心，是指对海量类型多样、增长快速、内容真实的数据（即大数据）进行分析，从中找出可以帮助决策的隐藏模式、未知的相关关系以及其他有用信息的过程。大数据分析包括可视化分析、数据挖掘算法、预测性分析能力、数据质量和数据管理、语义引擎等五个方面。

可视化分析是对数据进行关联分析并做出分析图表，使数据直接地展现在用户面前；数据挖掘、是从数据中提取隐含在其中的、人们事先不知道的、但又潜藏有用的信息和知识的过程；预测性分析能力是指应用统计学方法，如建立预测模型、机器学习等手段，根据可视化分析和数据挖掘的结果来对未来发展进行预测的手段；数据质量和数据管理是在管理方面的实践，通过标准化的流程和工具对数据进行管理，能够提升数据质量，保证后续高效的数据挖掘；语义引擎指的是对用户的查询关键字进行处理，引申语义含义从而更加准确、全面地实现用户的检索。

数据挖掘技术应用于部队装备信息管理中是比较符合我军发展现状的，其中最主要的应用之一就是关联规则分析。关联规则是用来展现事物或数据之间所存在关系的规则。

关联规则分析经常使用的是 Apriori 算法，但 Apriori 算法在面对当今部队装备信息管理数据结构多元化、数据量剧增的情况下却很难实现快速高效的数据挖掘。于是提出对 Apriori 算法进行改进，包括 MRApriori 算法、MRApriori-x 算法和 MCMApriori 算法。大量实验数据显示：在数据规模或支持度相同情况下，三个算法中 MCMApriori 算法的表现最为突出。

MCMApriori 算法关键技术在于在进行数据挖掘过程中，只进行两次 Map/reduce 运算，不同于 MRApriori 算法需要进行多次 Map/reduce 运算，真正实现了快速、高效的数据挖掘。

利用 MCMApriori 算法对数据进行挖掘可以分为以下步骤：

将采集到与装备管理相关的数据导入 Hadoop 的 Hive 中，对数据进行清洗，将格式错误、不一致、不完整的数据删除。

将清洗好的数据存放在 Hadoop 中的 HDFS 分布式文件系统，设置文件读取的目标路径，对数据进行分割切片，传递给每个 Map 节点。

设置最小支持度（支持度：A 工作、B 工作同时存在于 T 任务的概率）和置信度阈值（置信度：B 工作在所有任务中出现的概率），然后参照 MCMApriori 算法进行数据挖掘。

装备信息管理中利用 MCMApriori 算法进行数据挖掘，首先将采集的数据进行清洗，将不需要的数据删除，再存放进 HDFS 中。数据挖掘时，根据需要设置好参数，再采用 MCMApriori 算法进行数据挖掘。

三、基于大数据的部队装备信息管理发展趋势

部队装备信息管理的发展是在提升数据处理速度、新技术的应用、优化系统体验上全方位的发展。

云计算将渗入装备信息处理的每一个阶段。云计算是指通过网络按需获得资源或服务的数据处理和共享技术。受大数据时代发展影响，数据的发展规模日渐增大，给数据挖掘工作带来了巨大挑战，为了更好地发挥数据挖掘优势，必须提高大规模数据计算能力。从现实上看，因为缺少统一的标准，各部门自身需要而建立了大量装备信息管理系统很难满足一体化联合作战信息互联互通的需要。目前，云计算技术在商业领域已经取得了巨大成就，但在我军装备信息管理中的应用尚处于探索阶段，云计算的深入应用将在未来部队装备信息管理中得到快速发展。

可视化技术将带动装备信息管理发展。可视化技术是指将数据中的各个属性值以多维数据的形式表示，使数据能从不同的维度观察。装备信息管理依托于"全资可视化"平台，用数据引导物资、技术，保证二者适时、适地、高质发挥作用，实现对装备快捷、准确的决策支持系统。

智能辅助决策系统将提高部队装备信息管理效益。智能辅助决策系统面向部队装备信息管理高层决策者，屏蔽了技术细节和频繁操作。在未来的部队装备信息管理过程中，决策者可以按自己需要设置页面的显示内容和展现布局，将自己关心的部队装备信息管理数据筛选提炼出来，形成更精确的决策依据，从而提高部队装备信息管理效益。

总之，伴随我军信息化装备的逐渐列装，联合作战演习的大规模进行，武器装备的频繁动用，装备信息必然成为部队重要战略资源，未来谁能掌握大数据技术，做到充分利用数据，谁就将夺得战场的主动权。

第四节　通信工程规划中的计算机信息管理应用

计算机信息管理系统凭借其超强的数据分析能力及广阔的覆盖面，实现了线路布局、

线路监管以及设备保护等多个方面的信息管理，提升了通信工程规划的整体效率。本节深入研究了计算机信息管理系统在邮政设施的规划、广播电视设备的规划、移动通讯的规划以及固定电话系统等多个领域的应用情况。

在第十二个五年规划纲要当中明确指出了通信工程规划的核心任务，主要涵盖四个不同的方面，分别为邮政设施的规划、广播电视设备的规划、移动通讯的规划以及固定电话系统的规划。由于现代科技的日新月异，计算机信息管理系统逐渐升级，在数据检索技术的辅助下，通信工程规划工作有了明显的改观，化繁为简，总体效率已不同往日。

一、通信工程规划的核心内容

展开通信工程规划，主要是为了促进城市的现代化发展。在进行通信工程规划之前，应当对核心内容有所把握，这样工作才能够顺利有效地开展。在进行通讯规划的整个过程中，应当立足于社会信息化的实际需要，将各行各业对通讯的具体要求纳入考虑范畴，这样一来便可以有针对性地开展工作。通信工程涵盖整体及分区规划的内容，考虑到通讯总体规划的实施，把握长途电话的规划，大致包括国内长途、国际长途电话以及数据通信等各方面的发展目标。严格考察新开设的邮政电话局，确定模块局及郊外分区的集线器所在位置。

由于现代化信息技术的普及，国民经济水平的蒸蒸日上推动着我国的工程规划体系逐渐完善。在通信工程规划领域灵活运用计算机信息管理，可以让工程规划更具科学性以及可行性。经可靠数据得知，数据库之中有 80% 以上是地理性质的数据，把这些有效信息立体化地呈现出来便成了一项不容忽视的重要工作。随着通讯市场的完善，为了实现信息社会及城市化发展的完美对接，提升通讯规程规划的规范性急不可待。

二、通信工程规划领域计算机信息管理的运用

（一）在邮政设施规划当中的运用

在我国所有的通信设施当中，邮政设施的覆盖面最大且数据最为繁杂。由于计算机信息管理的运用，邮政枢纽的设计有了显著改良，工作者们把现存的实际情况输入信息管理系统中，可以轻而易举地获取最佳设计方案，方便快捷，避免了人力财力的浪费。而且设计线路的过程也不再复杂，计算结果更加精确，缩短了时间，设计线路的效率有了明显提升。除此之外，计算机信息管理的使用实现了中心低端和周边区域人们的交流。将信息保存至系统，安全程度也更上一层楼。系统能够自动地产生最快捷的通讯方法，保障通讯的持续性以及稳定性。若出现故障，可在第一时间搜索出根源所在，并展开智能化处理。

（二）在固定电话系统当中的使用

尽管现代社会出现了许多高端设备，但是固定电话设备并没有彻底消失，其依旧在通

信设施中占据着重要地位。保障固定电话系统可以稳定运行，是通讯事业健康发展的必要前提。从前可以看出，在固定电话设备中使用计算机信息管理是必不可少的。固定电话的功能运用是最基本的业务，在办理时，客户需提供有效身份证和住址等信息，然后将其存入计算机信息系统中，在日后的业务办理中便能够快速地识别，防止工作上出现大量漏洞，保障办理工作的效率及总体质量。倘若固定电话在运用的过程之中出现了一些问题需要维修，进行呼叫客户，将固定电话号码提供给对方，系统就会将有效指令自动发出，让相关的技术人员去维修，省去了当中许多烦琐步骤，效果明显。

（三）在移动通信领域的使用

由于移动通信的飞速发展，人们的日常生活已和其密不可分。所以，保障移动通信的畅通是当前通信工程规划领域一项刻不容缓的工作。在移动通信领域，计算机信息管理系统发挥了极其显著的功能，在业务的办理、业务的查询以及问题的反馈等多个不同方面，其均起到了显著的辅助功能。广大用户在办理移动通信业务时，工作人员把用户的个人信息录入到计算机信息管理系统内，系统可以对信息进行长期保存，而且安全性有保障。倘若粗心的用户们的电话卡被意外损坏或者遗失，可带个人的有效身份证件去营业网点进行补办，系统可以快速识别出用户的信息，记录问题并提交，问题很快就可以解决，非常方便。

（四）在广播电视设施规划之中的使用

由于现代生活的快节奏，广播电视已经成为人们生活的一种调和剂，这种获取信息的方式和当代的先进科技相比略显古老，不过其依旧占据着不可或缺的重要地位。在城市规划中，广播电视设备是重要的基础性设施，但因为覆盖面大且存在海量的用户信息，导致其极易出现故障。所以在规划广播电视的过程中，必须仔细计算，降低事故发生率。计算机信息管理的使用可以让规划更加合理，推动各种数据可以抵达每位客户手中。在办理业务及抢修问题方面，效率会更高。

综上所述，由于计算机信息管理技术的普及，我国的通信工程规划日渐科学化合理化。计算机信息管理系统中的海量信息以及超强的数据分析功能，让工作人员的工作强度变小，在保障数据安全的同时提升了工作效率。日后还需不断强化自身的规范化发展，不断升级计算机信息管理系统，促进其在通信工程规划中发挥更重要的作用。

第五节　继电保护与故障信息管理的应用

近年来，随着我国经济的迅猛发展，能耗的需求日益增大。社会对供电可靠性的要求越来越高。作为保证电力系统安全、稳定运行的继电保护系统更是成为电力研究的重中之重。本节主要针对继电保护与故障信息的应用与未来发展进行浅析和展望。

一、继电保护与故障信息管理的现状

继电保护及故障信息系统是一个继电保护运行、管理的技术支持系统，同时又是一个电网故障时的信息支持、辅助分析和决策系统。

早期的继电保护及故障信息系统主要靠人为力量来完成相关工作。不仅浪费了大量人力物力，还存在着继电保护的配置和整定比较复杂，运行操作不够灵活，故障信息处理中对数据信息保存，检索，再利用都极其困难等缺点。近年来随着微机型继电保护自动装置以及故障录波器在电网中的普遍使用，电力系统自动化进程逐步加快。但美中不足的是对故障录波器和微机保护系统运行产生的很多信息缺乏规范合理的系统化管理。我国在对继电保护信息的掌控和系统故障的分析与管理与其他发达国家相比是相对滞后的。为此，南方电网公司和国家电网公司出台了有关的文件，对继电保护系统的建立、实施与考核提出了硬性的要求。

二、继电保护与故障信息管理系统的价值

（一）重要性

继电保护与故障信息管理系统的重要性主要显现于以下几点：（1）减轻系统维护人员繁重的工作负担并提高了维护人员的工作效率与质量。（2）提高了处理电力故障的效率，使电力系统更安全、稳定的运行。（3）为往后在日常工作中处理相关突发情况提供有参考价值的有效数据，减轻了系统维护人员的工作负担并大大提高了维护人员发现并解决问题的能力。

（二）主要任务

继电保护与故障信息管理系统的主要任务是对继电保护所涉及的大量数据与图表进行查阅和处理。由于管理对象具有多层次、结构多样复杂等特点且各层保护专业分工精细，这使得数据库、表种类繁多。同时管理对象几乎涵盖所有一、二次设备的参数、运行状态、统计分析、图档管理甚至人事信息等事务管理。所以能充分利用继电保护和故障信息管理系统中的图纸管理、文档管理和定值管理三大管理体系，这对我们准确运用数据并提高工作效率起着决定性作用。

三、继电保护与故障信息管理系统的实现

（一）信息数据源的来源

继电保护与故障信息管理系统只有拥有广泛的数据源才可顺利运行。信息来源可大致分为由变电站微机保护装置经 RTU 发送至调度端的实时运行数据、继电保护管理端（生技部门和继电保护班组）所存放的设备管理资料、各类试验记录和运行制度等信息和其他

系统中，需要了解继电保护数据或可以提供继电保护有关数据和参考资料的数据源接口所提供的信息这三大信息数据来源。

（二）系统结构

为了在更高水平上满足选择性、速度性、灵敏性、可靠性"四性"的要求。系统结构主要由两部分构成。

1.厂站端子系统

一个子系统可以通过网络或载波与多个主站系统进行连接。主要负责信息采集，处理、存储及转发；采集的信息包括保护的"四遥"信息，定值信息，定值区信息，保护触发动作时生成的分散录播，以及集中录波器的录波文件与录波器定值，有些地区还需要接入行波测距。

2.调度端主系统

不同区域的系统属于不同的通信网络并连接电力调度中心的数据网络。主要负责通过对子站用网络、专线传送来的信息保护动作和录波报告进行加工、处理、分析、显示，为调度员事故处理及电网的安全分析、继电保护动作行为分析提供决策依据；并在此基础上实现全局范围的故障诊断、测距、波形分析、历史查询、保护动作统计分析。

（三）系统方法

1.数据仓库和方法库

数据仓库相比传统的关系数据库更加高级同时拥有处理海量数据的功能。数据仓库更擅长动态存储、应用程序接口和非结构化数据等方面的处理。数据库与故障管理的结合，科学合理的建立方法库使得数据能够按照一定的方法、规则有效地被处理。为了达到限定客户的应用范围并限制其对数据仓库的查询和读、写操作，维护数据完整性这一目的，我们可以设置用户权限。

2.设立一次设备参数接口

配合一次主接线图查询，可作为二次系统的辅助分析数据来源，如电流、电压、功率因素和高压设别试验记录等。随后可以通过电子函件和新闻公告板来告知各个部门。

3.应用软件开发工具

作为提高信息技术创新的一种主要动力。采用微软公司系列工具软件进行开发，在实用性和兼容性上都已经实现了先进性和广泛性。从互联网的普遍使用上来看，信息资源的利用已成为企业发展的巨大动力。

（四）系统功能

1.软件应用功能

其中包括各类二次信息的查询、以前定检试记录的比较、动作时间和次数的统计、故障与事故等报警事件的指示和响应等。其次，继电保护班组成员填写好二次设备试验的记录管理、定值单管理、材料管理等相关内容，仅供其他部门共享查询。但首先要建立以提高软件本身的应用能力和科学化管理能力为主的"三遥"数据的实时分析处理方法。

2. 二次设备图形管理系统具备 GIS 功能

可对二次设备事故、缺陷记录，各保护装置运行状况进行分析，此分析主要由继电保护技术部门完成，其分析结果可与其他部门共享查询。此功能支持图形和数据库相连并可直接在图形上查询参数。

四、系统特点

（一）具有高可靠性

采用数据仓库和方法库，将使得信息管理系统的管理更为集中化。在工作站出现突发状况时也不会因为影响系统的其他功能而使得系统瘫痪，这大大降低了系统风险，提高了系统的可靠性。且方便工作人员快速地对故障进行处理并减少了工作人员的工作强度和难度。

（二）具有强实用性

解决了继电保护中的实际问题，有效地帮助继电保护技术人员进行系统的分析和相关工作，具有较强的实用性，提高了工作效率。

（三）具有开放性和先进性

随着科学发展的不断进步，该种数据仓库技术可使得继电管理系统的数据来源更加广泛，且具有开放性和先进性。只有让继电保护更加方便快捷，才能拥有宏观的发展前景。

随着计算机技术、微电子技术、网络通信技术、信息技术的不断发展，继电保护与故障信息处理系统也将越发稳定与可靠。硬件上在运用了强大数据处理的 DSP 微处理芯片、人工神经元网络芯片、低功耗可编程复杂逻辑芯片（CPLD）和高集成度专业芯片（ASIC）后，装置的体积、功耗、可靠性将得到大幅提升。同时在保护原理和动作判据算法等新技术的推动下，保信系统将更加趋于微信化、网络化、人性化的智能保护方向，这将大幅度降低巡线工作量，减少停电时间和因停电造成的不良损失。同时有效地运用数据仓库和方法库来分析故障数据，将对以后的保护定值配置以及安全稳定系统控制策略提供宝贵的决策依据。保信系统为不同地区、不同部门的信息即时共享提供了有效途径，相信不久的将来我们将通过对历史数据的研究来达到更好地为电力系统服务的目的。总而言之，电力系统的现代化管理水平将借由保信系统的不断发展而日新月异，保信系统的未来将不可小觑。

在接触学习了《电力系统继电保护原理及新技术》这门专业课后，我对继电保护产生了浓厚的兴趣。在图书馆翻看查阅了许多相关书籍后，我对于继电保护和故障信息管理有了一些自己的看法，故用时两个多月写出此文，谈谈自己的分析与展望。希望这次的经历能让我在以后的学习中更加刻苦努力，争取在此更上一层楼。

参考文献

[1] 彭泽华. 我国情报学理论研究中知识化倾向评析 [J]. 情报科学，2005，23（2）：179-182.

[2] 王松俊，霍忠文. 关于情报学理论的研究现状一些基本问题探讨 [J]. 情报理论与实践，2004，27（1）：15-16.

[3] 符福桓. 我国情报学理论体系建设的伟大成就 [J]. 情报理论与实践，2006，29（4）：120-123.

[4] 赵陶丽. 药房自动化是医院药房发展的必然趋势 [J]. 首都医药，2009.

[5] 王冬梅. 唐江. 药房自动化是医院药房发展的必然趋势 [J]. 甘肃医药，2012.

[6] 徐晓阳. 触发器在 SQL Server 数据库开发中的应用 [J]. 电脑开发与应用，2005.

[7] 王浩. 自动药房软件系统设计与实现 [D]. 苏州：苏州大学，2008.

[8] 叶露阳. 基于 Web 的学生管理信息系统的分析和设计 [D]. 厦门大学，2014.

[9] 杨洁. 学生信息管理系统的研究 [D]. 南昌大学，2018.

[10] 薛耀伟. 基于 Django 框架管理界面自动生成模块的设计与实现 [D]. 哈尔滨工业大学，2014.

[11] 王海洋. 企业级 WEB 前端 MVC 框架设计 [D]. 电子科技大学，2014.

[12] 吴冬. 基于 web 的个性化书籍商城系统的设计与实现 [D]. 厦门大学，2017.

[13] 蒋孝明. 基于 LINQ 的人事档案管理系统的设计与实现 [J]. 计算机与现代化，2014（3）：69-72.

[14] 王培吉，赵玉琳，吕剑峰. 基于 Apriori 算法的关联规则数据挖掘研究 [J]. 统计与决策，2011（23）：19-21.

[15] 崔海福，何贞铭，王宁. 大数据在石油行业中的应用 [J]. 石油化工自动化，2016（2）：43-45.

[16] 郑晓莲. 各个行业企业开展"互联网＋培训"的探讨 [J]. 各个行业教育，2016（02）.

[17] 檀朝东，陈见成，刘志海，等. 大数据挖掘技术在石油工程的应用前景展望 [J]. 中国石油和化工，2015（1）：49-51.

[18] 李智鹏，许京国，焦涛，等. 如何运用大数据技术优化石油上游产业 [J]. 石油工业计算机应用，2015（1）：8-12.